はしがき：（本書ⅰ～ⅳ頁）

本書は、2021年10月31日施行衆議院議員小選挙区選挙（以下、2021年衆院選（小選挙区）ともいう）、2022年7月10日施行参議院議員選挙区選挙（以下、本件選挙［下記凡例〈本書ix頁〉参照］または、2022年参院選（選挙区）ともいう）の各人口比例選挙請求訴訟における上告人（原審原告）らの各訴状、各上告理由書、各準備書面、各弁論要旨をまとめたものである。本書で、筆者が特に強調したいことは、下記**1**～**3**（本書ⅰ～ⅳ頁）の3論点である。

1　筆者は、共同訴訟代理人たる久保利英明弁護士、伊藤真弁護士、黒田健二弁護士等から議論・助言・示唆を得て2009年以降今日迄、人口比例選挙請求訴訟の各訴状、各準備書面等を執筆している。

筆者ら全国弁護士グループは、各上告人（原審原告）らを代理して、弊統治論に基づいて人口比例選挙請求訴訟を全国の14高裁・高裁支部で提訴し続けている（升永英俊・久保利英明・伊藤真・田上純編著『“清き0.6票”は許せない！——一票格差訴訟の上告理由を読む』現代人文社38～116頁〈升永英俊執筆〉2010年参照）。

2009年の人口比例選挙請求訴訟の提訴以降14年間が経過したが、その間に、統治論は、進化・発展し、結果として、統治論⑴（主権者・過半数決論）および統治論⑵（議員／国民・1票等価値論）にまとめられた。

その理屈が簡単であるが故に、統治論⑴（主権者・過半数決論）および統治論⑵（議員／国民・1票等価値論）に反論することは、困難であろう。

よって、筆者は、統治論⑴（主権者・過半数決論）および統治論⑵（議員／国民・1票等価値論）は、従来の1票格差2倍説に対して、**ブレイクスルー**（**Breakthrough**）として機能するであろうと愚考する。

統治論⑴（主権者・過半数決論）および統治論⑵（議員／国民・1票等価値論）に対する、厳しい批判、反論を切望する。

けだし、厳しい批判、反論が、（現在の「国会の活動の正統性」の存否という重大論点の議論を含む）統治論(1)（主権者・過半数決論）および統治論(2)（議員／国民・１票等価値論）がより説得力（もし、それが有るとすれば、）を得るための原動力となるからである。

2　１）　平成26年11月26日最高裁大法廷判決（以下、平成26年大法廷判決（参）ともいう。ただし、本書では、最高裁判所大法廷は、単に大法廷と略称されることもある）において、**５判事**（金築誠志、櫻井龍子、岡部喜代子、山浦善樹、山﨑敏充）は、補足意見として、

「しかし，投票価値の不均衡の是正は，**議会制民主主義の根幹**に関わり，国権の最高機関としての**国会の活動の正統性を支える基本的な条件**に関わる**極めて重要な問題**であって，**違憲状態**を解消して民意を適正に反映する選挙制度を構築することは，**国民全体のために優先して取り組むべき喫緊の課題**というべきものである。」（強調　引用者）

と記述している（民集68巻９号1383頁）。

さらに、同平成26年大法廷判決（参）では、山本庸幸判事が、**違憲無効**判決を言渡すべしとの反対意見であり、鬼丸かおる、大橋正春、木内道祥の３判事も、**違法宣言**判決を言渡すべしとの反対意見である。

つまり、平成26年大法廷判決（参）の全15判事のうち、**９判事**が、「投票価値の不均衡の是正は、国会の活動の**正統性**を支える基本的な条件に関わる極めて重要な問題」（強調　引用者）である旨の意見であると解される。

２）　司法は、**「国会の活動の正統性」を有しない**国会議員が国家権力を行使する場合、**【「国会の活動の正統性」を有しない**国会議員の国家権力の行使の対象が、国民であるという厳しいい現実**】**を注視するよう求められる。

司法は、憲法に基づいて、かかる**「国会の活動の正統性」を有しない**国会議員の国家権力の行使を止める権力を有し、かつそうする義務を負う（憲法81条、76条３項、99条）。

3） 憲法改正について言えば、（憲法の投票価値の平等の要求に反する選挙で選出された**「国会の活動の正統性」を有しない国会議員を含む）**国会の憲法改正の発議は、そもそも憲法の予定していないことであって、憲法秩序に反する。よって、**当該憲法改正の国会発議自体**が**憲法違反**である。

3　1） 筆者ら全国弁護士グループは、2009年以降各国政選挙ごとに、各選挙区（ただし、2014年以降は、全衆院選（小選挙区）および全参院選（選挙区））で、原告（選挙人）らを代理して、全国の14高裁・高裁支部で、人口比例選挙請求訴訟を提起し、2011～2023年の間に、合計で、９個の最高裁大法廷判決を得た。

各大法廷判決言渡しの後、2022年に衆院選につき、10増10減（ただし、アダムズ方式による）の改正法が施行された。同法改正により、衆院選（小選挙区）では、人口の48.05％が、全衆院議員の過半数（50.10％）を選出することになり、人口比例選挙まで、残り2.05％（2.05％＝50.10％－48.05％）にまで肉薄している。

2） 2019年～2022年に限って言えば、１票格差3.00倍の2019年参院選（選挙区）、同2.08倍の2021年衆院選（小選挙区）、同3.03倍の本件選挙の３つの**非**人口比例選挙が実施された。

現に、１票格差2.08倍の2021年衆院選（**非**人口比例選挙）では、全有効投票数の**47**％を得票した自民・公明（与党）が、衆院議員の全議席の**63**％を獲得し、2021年11月に、衆院で、国会議員の過半数決で、内閣総理大臣を指名した（下記**II**〈本書９～15頁〉参照）。

日本は、現在、主権を有する全有効投票者（下記凡例〈本書ix頁〉参照）の過半数からの得票とは、**無関係に、常に、**（国会議員の資格では、主権を有さない）全国会議員の過半数が、国会議員の過半数決で内閣総理大臣を指名している。

すなわち、現在の日本は、国民主権国家とは異質の**国会議員主権国家**である。

3）　人口比例選挙請求訴訟の**目的**は、この国会議員主権国家を憲法に定めるとおりの**国民主権国家**にすることである。

換言すれば、人口比例選挙請求訴訟の**目的**は、（人口比例選挙の実現により、国民の過半数（50.1％）が国会議員の過半数（50.1％）を選出し、国民が、国会議員を通じて、（すなわち、間接的に、）国会議員の過半数決で、国政に関する国家権力を行使することになるように、）**【国民が、国会議員から「国家権力を行使する権利」を回復すること】**である（下記**Ⅳ**〈本書20～21頁〉参照）。

目　次

[凡例]

1. 判例、文献、文言等については、以下の略語を用いる場合がある。

大法廷判決	最高裁判所大法廷判決
最大判	最高裁判所大法廷判決
高判	高等裁判所判決
民集	最高裁判所民事判例集
判時	判例時報
判タ	判例タイムズ
本件選挙	2022年7月10日施行参議院議員選挙（選挙区）
本件訴訟	筆者ら全弁護士グループが原告らを代理して提訴した、本件選挙の人口比例選挙請求訴訟
本件裁判	本件訴訟の裁判
平成27年改正法	公職選挙法の一部を改正する法律　平成27年法律第60号
平成28年改正法	公職選挙法の一部を改正する法律　平成28年法律第49号
平成30年改正法	公職選挙法の一部を改正する法律　平成30年法律第75号
有効投票者	国政総選挙において、有効投票をした者

2. 本書中の各数字の末尾の値は、原則として四捨五入して得た概数である。

3. 被引用文の中の漢数字は、適宜算用数字に変更した。

Ⅰ　統治論(1)（主権者・過半数決論）；統治論(2)（議員／国民・１票等価値論）；（本書１～８頁）

筆者は、【憲法が、人口比例選挙を要求していること】は、下記**1**（本書１～４頁）の統治論**(1)**（主権者・過半数決論）または下記**2**（本書５～８頁）の統治論**(2)**（議員／国民・一票等価値論）のいずれによっても説明できると考える。

1　統治論(1)（主権者・過半数決論）（本書１～４頁）

序

ア　明治憲法は天皇主権であった。

イ　日本国のポツダム宣言受諾という革命により、現憲法が成立した（宮沢俊義「八月革命と国民主権主義」『世界文化』第１巻第４号68頁　1946年５月）。

ウ　ポツダム宣言受諾・現憲法制定により、主権は、天皇から国民に移動した。

エ　ところが、国会は**非**人口比例選挙を採用したため、主権を行使する権利は、天皇から、国民に移動しないで、実質、国会議員に移動し、今日に至るも、**非**人口比例選挙が維持されている。
そのため、日本は、憲法制定時から今日まで、国民主権国家であったことがなく、実質、国会議員主権国家のままである。

オ　人口比例選挙請求訴訟の目的は、下記**(1)**～**(7)**（本書１～４頁）記載のとおり、【国民が、（憲法に矛盾して、国会議員が行使している）「主権を行使する権利」を、国会議員から回復すること】である。

(1)　主権とは、「国家の政治のあり方を最終的に決定する力」である[1]。
主権（「国家の政治のあり方を最終的に決定する力」）は、内閣総理大

１）編集代表金子宏ら『法律学小辞典〔第３版〕』（有斐閣 1999年）537頁。

臣を指名する国家権力を含むので、内閣総理大臣を指名することは、主権の行使に該当する（下記平17年最大判（在外邦人選挙権剥奪違憲訴訟）参照）。

(2) **ア**　平成17年9月14日最高裁大法廷判決（在外邦人選挙権剥奪違憲訴訟）は、

「憲法は、前文及び1条において、主権が国民に存することを宣言し、国民は正当に選挙された国会における代表者を通じて行動すると定めるとともに、43条1項において、国会の両議院は全国民を代表する選挙された議員でこれを組織すると定め、15条1項において、公務員を選定し、及びこれを罷免することは、国民固有の権利であると定めて、国民に対し、**主権者として、**両議院の議員の**選挙**において投票をすることによって国の政治に参加することができる権利を保障している。」

（強調　引用者）

と説示する（民集59巻7号2087頁）。

すなわち、同説示は、憲法前文、1条、43条1項、15条1項が、「国民に対し、**主権者として、**両議院の議員の**選挙**において投票をすることによって国の政治に参加することができる権利を保障している。」（強調　引用者）旨説示している。

イ　上記**ア**記載のとおり、同説示は、国民の国政選挙の選挙権（すなわち、「国民（が）、主権者として、両議院の議員の**選挙**において投票をすることによって国の政治に参加することができる権利」（強調　引用者）（平成17年最大判。民集59巻7号2087頁））の行使は、国民の“主権の行使”であると捉えている。

(3)　一方で、人口比例選挙では、**【**全有効投票者数の［出席議員の過半数の、全出席議員数に対する百分率（50％超）］からの得票数の、全有効投票数に対する百分率（50％超）が、衆参両院のそれぞれの［出席議員の過半数の、全出席議員数に対する百分率（50％超）］と一致すること**】**

が、担保される。

他方で、**非**人口比例選挙では、【全有効投票者数の［出席議員の過半数の、全出席議員数に対する百分率（50％超）］からの得票数の、全有効投票数に対する百分率（50％超）が、［出席議員の過半数の、全出席議員数に対する百分率（50％超）］と一致すること】が、担保されない。

(4) 現在、日本は、**非**人口比例選挙であるので（ただし、2021年衆院選〈小選挙区〉の１票格差・2.08倍；本件選挙の１票格差・3.03倍）、各院で、主権を有する全有効投票者の［出席議員の過半数の、全出席議員に対する百分率（50％超）］からの得票数の、全有効投票数に対する百分率（50％超）とは**無関係に、常に、非**人口比例選挙で選出された出席議員が、各院で、その過半数決で、内閣総理大臣（行政権の長〈執行者〉）を指名している。

すなわち、**非**人口比例選挙の現在の日本においては、主権を有する全有効投票者の［出席議員の過半数の、全出席議員数に対する百分率（50％超）］からの得票数の、全有効投票数に対する百分率（50％超）とは**無関係に、常に、**（国会議員の資格では主権を有しない、）国会における国民の代表者でしかない国会議員が、各院で、出席議員の過半数決で、主権の行使の一つたる内閣総理大臣を指名するので、**国会議員**が、各院で、**その過半数決で主権を行使している**、と解される。

以上の理由により、**非**人口比例選挙の現在の日本は、国民主権国家ではなく、**国会議員主権国家**である。

(5) 憲法１条は、「主権の存する日本国民」と定め、かつ
前文第１項第１文後段は、「ここに主権が国民に存することを宣言し」と定める。
すなわち、国民が主権を有している（憲法１条；前文第１項第１文後

段）。

したがって、**非**人口比例選挙では、上記**(4)**記載のとおり、**(**主権を有する全有効投票者の［出席議員の過半数の、全出席議員に対する百分率（50％超）］からの得票数の全有効投票数に対する百分率（50％超）とは**無関係に、）常に、非**人口比例選挙で選出された、国会議員の資格としては、主権を有しない、国会議員が、各院で、出席議員の過半数決で、主権の行使の一つたる、内閣総理大臣を指名して、主権を行使するのであるから、**非**人口比例選挙は、憲法１条および前文第１項第１文後段に違反する。

(6) 他方で、人口比例選挙では、（主権を有する）全国民の過半数が、人口比例選挙で選出された国会議員を通じて、出席議員の過半数決で、（すなわち、**間接的に、**）内閣総理大臣を指名する（憲法１条および前文第１項第１文後段；憲法56条２項；前文第１項第１文前段）。

人口比例選挙では、**主権を有する**全国民から人口比例選挙で選出された、（ただし、国会議員の資格で**主権を有しない**）国会議員が、その過半数決で、内閣総理大臣を指名する以上、全国民の過半数が、人口比例選挙で主権を行使して、国会議員を通じて、その過半数決で、（間接的に、）内閣総理大臣を指名すると認められる。よって、人口比例選挙は、憲法１条および前文第１項第１文後段；56条２項；前文第１項第１文前段に適合する。

なお、**【**憲法は、合理性の基準に照らして、実務上できる限りの人口比例選挙を要求している**】**と解される。

(7) 人口比例選挙請求訴訟の**目的**は、**【主権を有する**国民が、（憲法に反して国会議員（ただし、国会議員の資格で**主権を有しない**）が行使している）**"主権を行使する権利"**を国会議員から回復すること**】**である。

2　統治論(2)（議員／国民・1票等価値論）（本書5～8頁）

(1)　主権とは、「国家の政治のあり方を最終的に決定する力」である（上記**1(1)**（本書1頁）参照）。

(2)　**ア**　主権（すなわち、「国家の政治のあり方を最終的に決定する力」）の行使は、平成17年最大判（在外邦人選挙権剥奪違憲訴訟）の説示のとおり、国民の国政選挙の選挙権の行使を含む。

イ　平成17年最大判（在外邦人選挙権剥奪違憲訴訟）は、憲法前文、1条、43条1項、15条1項が、「国民に対し、主権者として、両議院の議員の選挙において投票をすることによって国の政治に参加することができる権利を保障している」と説示する（民集59巻7号2087頁）（上記**1(2)ア**（本書2頁）参照）。

ウ　上記**イ**記載のとおり、同説示は、【国民の、国政選挙の選挙権（すなわち、「国民（が）、主権者として、両議院の議員の選挙において投票をすることによって国の政治に参加することができる権利」）の行使は、国民の“主権の行使”である】と捉えている。

(3)　憲法56条2項の「両議院の議事」については、各院の各議員が、全員、1票（等価値）を投票する権利を有し、「出席議員の過半数でこれを決」する（憲法56条2項）。

(4)　憲法56条2項の過半数決の議決において、各議員は、全員、主権を有する全国民の「国会における代表者」である（憲法1条および前文第1項第1文後段；前文第1項第1文前段；43条1項　参照）。

(5)　**ア**「両議院の議事」の**過半数決**の議決において、各議員が投票する1票が、全て等価値であるので、（全国民の国会における代表者でしかない）各議員は、全員、各選挙区割り制（例えば、比例制、小選挙区制、選挙区制等）毎に、【同じ人数（ただし、全有権者数÷定数）〈具体的な例として、2021年衆院選（小選挙区）では、363,322人（全有権者数〈1億500万人超（ただし、概数。以下、同じ）〉÷定数〈289人〉＝363,322人）】の主権を有する有権者から選出されることが求められる[2)]。

けだし、【「両議院の議事」の過半数決の議決において、各議員の投票する1票が、全て等価値であること、すなわち、各議員が、全員、全て一人一票等価値であること】は、各議員が、そもそも、議員の資格で主権を有していないので、議員の資格自体を理由として、出席議員の過半数によって両議院の議事が決定されることを正統化し得ないため、【各議員が、全員、各選挙区割り制毎に、同じ人数（ただし、全有権者数÷定数）の主権を有する有権者から選出されること】によって、はじめて、出席議員の過半数によって両議院の議事が決定されることを正統化し得るからである（憲法1条および前文第1項第1文後段；56条2項）。

重ねて言えば、【憲法56条2項の「両議院の議事」の**過半数決**の議決おいて、（国会議員の資格で**主権を有しない**）各議員の投票する1票が、全て等価値であること】は、【各議員が、全員、各選挙区割り制毎に、**同じ人数**（ただし、全有権者数÷定数）の**主権を有する**有権者から選出されること】以外に正統化し得ないからである。

イ　【各議員が、全員、各選挙区割り制毎に、同じ人数（ただし、全有権者数÷定数）の主権を有する有権者から選出されること】は、人口比例選挙（すなわち、1人1票等価値の選挙）によってのみ実現可能である。

2）参考例として、例えば、米国連邦フロリダStateの2022年の米国連邦議会下院議員選挙区割をみると、**全28個**の小選挙区（すなわち、各小選挙区から議員1人を選出する）のうちの、**25個**の小選挙区の人口は、全て**769,221人**であり、**2個**の小選挙区の人口は、**769,220人**、そして**残余の1小選挙区**の人口は、**769,222人**である。すなわち、その全28個の小選挙区の間の**最大人口較差は、僅か2人**（2人＝769,222人－769,220人）である（参考資料：フロリダ州ウェブサイト https://www.floridaredistricting.gov/pages/submitted-plans）。

ウ　上記**ア〜イ**の解釈は、【主権を有する国民が、主権を行使して、「正当に選挙された国会における代表者を通じて行動」すること】（憲法１条および前文第１項第１文後段；前文第１項第１文前段）に適合する。

エ　よって、憲法１条および前文第１項第１文後段；56条２項；前文第１項第１文前段は、人口比例選挙を要求している、と解される。

(6)　ただし、上記**(5)ア**（本書５〜６頁）記載の「同じ人数」は、実際の選挙では、合理性の基準に照らし、実務上できる限りの「同じ人数」で足りる、と解される。

(7)　**ア**　卑弥呼の時代（西暦239年　魏志倭人伝）以降今日までみても、日本は、一度として国民主権国家であった歴史がない。

この日本の歴史が示すとおり、【最高裁の『憲法は、人口比例選挙または実務上できる限りの人口比例選挙を要求する』旨の判決の言渡しにより、人口比例選挙または実務上できる限りの人口比例選挙が実現され、国会議員主権国家が国民主権国家に変わること】は、それ自体容易なことではない。

とはいえ、2011〜2022年の間の各大法廷判決の言渡しに応じて、衆院選においては、2022年12月28日に「10増10減」（ただし、アダムズ方式による定数配分）の改正法が施行され、全人口の**48.05％**が全衆院議員の50.1％（過半数）を選出することになった[3)]。

すなわち、衆院選では、人口比例選挙（ただし、全有権者の過半数（50.1％）が、全衆院議員の過半数（50.1％）を選出する）まで、**残り2.05％**（＝50.10％－48.05％）に肉薄している。

3）和田淳一郎横浜市立大学教授の論文「衆議院議員の過半数を得るために必要な日本国民の人口〜2020年国勢調査速報値による」の「表５　アダムズ方式による定数配分の評価」によれば、全人口の**48.05％**が全衆議院議員の過半数（**50.10％**）を選出する（note：https://note.com/juniwada/n/n127d29dee083（2021.10.25））。

イ　この事実が示すとおり、2011～2023年の間の９個の大法廷判決の言渡しにより、日本は、実務上できる限りの人口比例選挙に向かって（すなわち、国民主権国家に向かって）、着実に前進している。

Ⅱ　1票格差2.08倍の2021年衆院選で、全有効投票数の47%を得票したにすぎない自民・公明（与党）が、衆院議員の全議席の63%を獲得した（すなわち、国会議員主権国家）：（本書9～15頁）

序

最高裁大法廷が,『1票の最大格差（1票格差ともいう）・3.03倍の本件選挙は、違憲状態である』旨判決すれば、国会は、紆余曲折を経て、最終的には、**11ブロック制**（ただし、1票格差は、1：1.1倍に圧縮される）の参院選挙制度（すなわち、全人口の**49.85%**が、全参院議員の過半数（50.1%）を選出する人口比例選挙制度）に改革するであろうと推察される。そして、参院選に限って言えば、**11ブロック制**選挙になれば、今の**国会議員主権国家**は、実質、人口比例選挙の**国民主権国家**になる。

1　1票格差・2.08倍の2021年衆院選（小選挙区）および同3.03倍の本件選挙は、いずれも、**非**人口比例選挙である。

衆参両院とも、**非**人口比例選挙で当選した国会議員が、**国会議員の過半数決**で、首相を指名する。

すなわち、**主権を有する**全有効投票者の過半数からの得票とは**無関係に、主権を有しない**国会議員の過半数が、国会で、国会議員の過半数決で、首相を決定している。したがって、日本は、国民主権国家ではなく、**国会議員主権国家**である。

下記に示す通り、（**主権を有する**全有効投票者の半数未満からしか得票していない）自民・公明（与党）が、国会で、**国会議員の過半数決**で首相を指名した。

(1)　2021年衆院選（1票格差・2.08倍）における自民および公明の得票率および獲得議席は下記**ア～ウ**のとおりである[4)]。

ア　比例（ただし、11ブロック制）での得票率

自民得票率：35%（≒19,914,883〈得票数〉÷57,465,978〈全有効投票数〉）

公明得票率：12%（≒7,114,282〈得票数〉÷57,465,978〈全有効投票数〉）

自民・公明の得票率：**47%**

イ　（小選挙区＋比例）において：

自民獲得議席：259（56%＝259÷465）

公明獲得議席：32（7%＝32÷465）

自民・公明の獲得議席：291（259＋32）（**63%**＝291÷465〈全衆院議員定数〉）

ウ　2021年衆院選は、1票格差・2.08倍の**非**人口比例選挙であった。そのため、自民・公明（与党）は、**47%**の得票率（半数未満）（ただし、比例）であるにもかかわらず、衆院の全議席の**63%**（過半数）の議席を獲得して、衆院で、**国会議員の過半数決**で、首相を指名した。

よって、**国会議員主権国家**である。

(2)　2022年参院選（1票格差・3.08倍の**非**人口比例選挙〈ただし、125人の半数改選〉）における自民および公明の得票率および獲得議席は下記**ア**～**イ**のとおりである[5]。

ア　比例（ただし、全国1区の比例代表選挙＝人口比例選挙）において：

自民得票率：34%（≒18,256,245〈得票数〉÷53,027,260〈全有効投票

4）総務省資料：令和3（2021）年衆院選結果調（https://www.soumu.go.jp/main_content/000776531.pdf）、NHK 衆議院選挙2021特設サイト（https://www.nhk.or.jp/senkyo/database/shugiin/2021/）。

5）総務省資料：令和4（2022）年参院選結果調（https://www.soumu.go.jp/main_content/000825110.pdf）、NHK 参議院選挙2022特設サイト（https://www.nhk.or.jp/senkyo/database/sangiin/）。

数〉)

公明得票率：12％（≒6,181,431〈得票数〉÷53,027,260〈全有効投票数〉）

自民・公明の得票率：**46％**

イ　(選挙区＋比例）において（ただし、非改選議員の議席を加算した)：

自民獲得議席：119（48％＝119÷248）

公明獲得議席：27（11％＝27÷248）

自民・公明の獲得議席：146（＝119＋27）(**59％**＝146÷248〈全参院議員定数〉)

(3)　上記**(1)**〜**(2)**記載のとおり、現在の日本は、**非**人口比例選挙により、**主権を有する**全有効投票者の過半数からの得票とは**無関係に**、国会議員の資格で**主権を有しない**国会議員の過半数が、国会で、**国会議員の過半数決**で、首相（ただし、行政権の長〈執行者〉）を指名する。

よって、現在の日本は、国民主権国家ではなく、**国会議員主権国家**である。

以上に示すとおり、**非**人口比例選挙である本件選挙は、憲法１条および前文第１項第１文後段；56条２項；前文第１項第１文前段に違反する。

(4)　さらに、下記**6**（本書14〜15頁）に示すとおり、日本の衆院選（小選挙区)、参院選（選挙区）のそれぞれの１票格差は、(米、仏、韓、英、独の５か国で採用されている）国民主権の根本基準（すなわち、全有効投票者の**過半数**〈または**概ね過半数**〉**の得票**で、行政権の長〈執行者〉を決定すること）に照らすと、不条理かつ不合理である。

2　人口比例選挙請求訴訟の**目的**は、【**主権を有する**国民が、国会議員（ただし、国会議員の資格で**主権を有しない。**）が憲法に反して行使している"**主権を行使する権利**"を、国会議員から回復すること】である。

3　卑弥呼の時代（西暦239年）～今日まで、日本は、国民の過半数の投票で行政権の長（執行者）を決定した経験がない。

この日本の歴史が示す通り、それは容易なことではないが、日本は、憲法１条および前文第１項第１文後段；前文第１項第１文前段により、**【国会議員主権国家から、国民主権国家に変わること】**が、求められている（下記Ⅳ〈20～21頁〉参照）。

4　韓国、日本、米国、英国、仏国、独国の６か国の中で、日本のみが、１票格差・2.08倍の**非**人口比例選挙（ただし、衆院選の場合）で選出された議員の過半数決で、行政権の長（執行者）を決定している。

上記他の５か国は人口比例選挙または概ね人口比例選挙での国民の過半数決で、行政権の長（執行者）を決定している（すなわち、1韓国、仏国は、いずれも人口比例選挙の大統領選挙で、国民の過半数決で行政権の長（大統領）を決定している。2米国、独国、英国はいずれも連邦であるところ、概ね人口比例選挙で、選出された議員［ただし、米国連邦大統領選挙では、選挙人〈elector〉ら］の過半数決で、連邦の行政権の長［ただし、米国連邦[6]では、連邦大統領；独国連邦[7]および英国連邦（UK）[8]では、いずれも連邦首相］を決定

6）米国連邦：　2020年米国連邦大統領選挙

	得票数	得票数の比率
バイデン氏（当選）	81,283,501	51.3%
トランプ氏	74,223,975	46.8%

（Wikipedia 参照）

上記のとおり、同2020年米連邦大統領選挙は、概ね人口比例である。

連邦国家の米国と単一国家の日本の差異については、下記XIV（本書79～81頁）参照。

7）独国（ドイツ連邦共和国）：

「ドイツ連邦共和国（連邦議会）においては，小選挙区比例代表併用制が採用されており，単純小選挙区制の選挙により総定数の一部の小選挙区当選人を定めながら、これを含む全体の議席を原則的に比例代表制で政党に配分する制度であり、超過議席や調整議席により議員総数が総定数を超えることが認められ…（略）…、各

している）。

5　国民一人当たり平均賃金（average wage）（本書50頁の**【表４】**）を見ると、1992～2020年の29年間で、韓国、日本、米国、英国、仏国、独国の６か国（ただし、いずれも、OECD 加盟国）の中で、**日本だけが、僅か２％増加のフラット状態で、**他の５か国は、すべて**右肩上がり**であって、同５か国中最低の独国ですら、26％増加である。

2020年の日本の国民一人当たり平均賃金（average wage）は、絶対額でも、６か国のうちの最低で、38,515米ドル（ただし、韓国は41,960米ドル）である（下記**VII 3 (2)**〈本書49～51頁〉）。

このOECDの公表数字に対し、OECD 加盟国たる日本政府は異議を申し立てていない。

向こう29年間の将来の日本を推察するに、衆院選で１票格差２倍前後、参院選で１票格差３倍前後の各**非**人口比例選挙を維持しつづければ、過去

選挙区の人口は、全国の選挙区平均人口からの偏差が15パーセントを超えないようにし、25パーセントを超えてはならないとされている。そのため、選挙区間の最大較差は約1.67以下となる。」「配分方法としては、連邦区画委員会が、小選挙区の定数299議席を、16の州に応じてサンラグ＝シェパーズ式で配分する」（強調　引用者）（最高裁大法廷平成30年11月28日判決（衆）〈平成30年（行ツ）第109号外〉国答弁書33頁および国会図書館「調査と情報」782号９～10頁　佐藤令執筆参照）

ドイツ国連邦首相は、上記のとおりの概ね人口比例の選挙の後、連邦議員らの過半数決で選出される。

8）英国（United Kingdom：グレートブリテン及び北アイルランド連合王国）：

「英国においては、小選挙区制が採用されており、平成23年（2011年）の議会選挙制度及び選挙区法の改正前は，選挙区間で５倍を超える最大較差が存在していたが、同改正後、原則として、各選挙区の有権者数は全国の選挙区平均有権者数の95パーセント以上105パーセント以下でなければならないという基準が設けられるとともに，議員定数を650人から600人に削減することが定められた。」（強調　引用者）、「５年ごとに…（略）…定数600議席をサンラグ式で配分した上で、委員会が見直し案を勧告する」（強調　引用者）（最高裁大法廷平成30年11月28日判決（衆）〈平成30年（行ツ）第109号外〉国答弁書31～32頁および国会図書館「調査と情報」782号６～７頁　佐藤令執筆参照）。

英国の首相は、上記のとおりの、概ね人口比例の選挙の後、過半数の議席を獲得した政党の党首が任命されている。

25年間、与党であった自民党主導の与党が、向こう29年間も、政権を維持し、同様の政治を継続すると合理的に推測される。そのため、【かかる**非**人口比例選挙の日本が、上記**5**の他の５か国並みの国民一人当たり平均賃金の右肩上がりの軌道に乗ること】は合理的にみて困難であろうと予測される。

6　人口比例選挙／**非**人口比例選挙と投票率の関係は、下記**(1)**～**(4)**のとおりである。

(1)　2022年仏国大統領選（人口比例選挙）（ただし、上位２者の決戦投票）

１位得票率：58％（当選）（18,779,641票）

２位得票率：42％　　　　（13,297,760票）

投票率：**74％**[9]

(2)　2022年韓国大統領選（人口比例選挙）（ただし、上位２者間の比率）

１位得票率：50.4％（当選）（16,394,815票）

２位得票率：49.6％　　　　（16,147,738票）

投票率：**77％**[10]

（上記のとおり、2022年韓国大統領選（人口比例選挙）では、１位と２位の各得票率の差は、**極めて僅差**であった。）

(3)　2022年ブラジル大統領選（人口比例選挙）（ただし、上位２者の決戦投票）

１位得票率：50.9％（当選）（60,345,999票）

２位得票率：49.1％　　　　（58,206,354票）

投票率：**79％**[11]

（上記のとおり、2022年ブラジル大統領選（人口比例選挙）では、１位と２位

９）https://ja.wikipedia.org/wiki/2022年フランス大統領選挙
10）https://ja.wikipedia.org/wiki/2022年韓国大統領選挙
11）https://ja.wikipedia.org/wiki/2022年ブラジル大統領選挙

の各得票率の差は、**極めて僅差**であった。）

(4) 2021年衆院選（１票格差・2.08倍の**非**人口比例選挙）

１位　自公（与党）得票率：47％

自公が全衆院議員の63％を獲得した。

投票率：**56％**（前掲注４））（本書10頁）

2021年11月10日、自民党党首・岸田氏が、両院で国会議員の過半数決で、首相に指名された。

(5) 2021年衆院選（１票格差・2.08倍の**非**人口比例選挙）での投票率は、上記**(1)**〜**(3)**の人口比例選挙の他の３か国と比べて、56％と圧倒的に低率である。

日本で国政選挙の投票率が圧到的に低いのは、日本人の民度が低いというより、**【**日本の国政選挙が、**非**人口比例選挙であること**】**と関係していると考えられる。

Ⅲ 「投票価値の不均衡の是正」未達成の選挙で当選した国会議員は、「国会の活動の正統性」(民集68巻9号1383頁)を有しない：(本書16〜19頁)

1 ⑴ 平成26年大法廷判決（参）の5人の最高裁判事（金築誠志、櫻井龍子、岡部喜代子、山浦善樹、山﨑敏充）の補足意見は、

「投票価値の不均衡の**是正**は、**議会制民主主義の根幹**に関わり、国権の最高機関としての**国会の活動の正統性を支える基本的な条件**にかかわる**極めて重要な問題**であって、違憲状態を解消して民意を適切に反映する選挙制度を構築することは、国民全体のために**優先して取り組むべき喫緊の課題**というべきである。」（強調　引用者）

と記述する（民集68巻9号1383頁）。

⑵ 同判決の4判事の反対意見（同4判事のうち3判事〈木内道祥、大橋正春、鬼丸かおる〉は、違憲違法の反対意見。残余の山本庸幸判事は、違憲無効の反対意見）も、「投票価値の不均衡の**是正**は、**議会制民主主義の根幹**に関わり、国権の最高機関としての**国会の活動の正統性を支える基本的な条件**にかかわる**極めて重要な問題**」であるという論点では、上記⑴の5判事の補足意見と同意見であろうと解される。

⑶ また、本件裁判において、**令和4年10月18日東京高判**は、判決文31頁で、

「投票価値の不均衡の**是正**は、**議会制民主主義の根幹**に関わり、国権の最高機関としての**国会の活動の正統性を支える基本的な条件**に関わる極めて重要な問題であって、国の内外で解決困難な課題が増大し、参議院の役割がこれまでにも増して大きくなっている中、民意を適切に反映する選挙制度を構築することは、国民全体のために**優先して取り組むべき課題**であるといえる。」（強調　引用者）

と判示する（裁判所ウェブサイト：https://www.courts.go.jp/app/files/hanrei_

jp/098/092098_hanrei.pdf）。

(4)　本件選挙についての全16個の原審判決（ただし、[1]全国弁護士グループ提訴の14原審判決）（①仙台高判〈**違憲違法**〉；②東京高判〈**違憲状態**〉；③大阪高判〈**違憲状態**〉；④福岡高判〈**違憲状態**〉；⑤札幌高判〈**違憲状態**〉；⑥仙台高判秋田支部〈**違憲状態**〉；⑦福岡高判宮崎支部〈**違憲状態**〉；⑧名古屋高判金沢支部〈**違憲状態**〉；⑨名古屋高判〈**是正要求付合憲**〉；⑩高松高判〈**是正要求付合憲**〉；⑪福岡高判那覇支部〈**是正要求付合憲**〉；⑫広島高判〈**是正要求付合憲**〉；⑬広島高判岡山支部〈**是正要求付合憲**〉；⑭広島高判松江支部〈**是正要求付合憲**〉）および[2]山口邦明弁護士グループの２個の原審判決（⑮広島高判〈**違憲状態**〉；⑯東京高判〈**是正要求付合憲**〉）は、全て、本件選挙で当選した議員は、「投票価値の不均衡の**是正**」**未達成**の選挙で当選した議員である旨認定している（ただし、同全16個の原審判決の中の、『本件選挙は違憲状態とは認められない』旨判断した７個の原審判決（⑨名古屋高判；⑩高松高判；⑪福岡高判那覇支部；⑫広島高判；⑬広島高判岡山支部；⑭広島高判松江支部；⑯東京高判）ですら、本件選挙が、「投票価値の不均衡の是正」未達成である旨判断している。)。

(5)　したがって、(i)上記**(1)**～**(2)**記載の、平成26年大法廷判決（参）の９人の最高裁判事の意見および(ii)上記**(3)**記載の令和４年10月18日東京高判および(iii)上記**(4)**記載の16個の原審判決に照らし、本件選挙が格差是正未達成であるため、本件選挙で当選した議員（選挙区選出）は、**『国会の活動の正統性**を有しない』と解される。

(6)　**【**本件選挙で当選した議員が「国会の活動の正統性」を有していないこと**】**は、上告人（原審原告）にとって、主権を有する一国民として、**座視できない重大事**である。

2　**(1)**　昭和51年大法廷判決（衆）は、

「　代表民主制の下における選挙制度は、選挙された代表者を通じて、国民の利害や意見が公正かつ効果的に国政の運営に反映されることを目標とし、他方、政治における安定の要請をも考慮しながら、それぞれの国において、その国の事情に即して具体的に決定されるべきものであり、そこに論理的に要請される一定不変の形態が存在するわけのものではない。わが憲法もまた、右の理由から、国会両議院の議員の選挙については、議員の定数、選挙区、投票の方法その他選挙に関する事項は法律で定めるべきものとし（43条2項、47条)、**両議院の議員の各選挙制度の仕組みの具体的決定**を**原則**として**国会の裁量**にゆだねているのである。それ故、憲法は、前記投票価値の平等についても、これをそれらの選挙制度の決定について国会が考慮すべき唯一絶対の基準としているわけではなく、国会は、衆議院及び参議院それぞれについて他にしんしやくすることのできる事項をも考慮して、公正かつ効果的な代表という目標を実現するために適切な選挙制度を具体的に決定することができるのであり、投票価値の平等は、さきに例示した選挙制度のように明らかにこれに反するもの、その他憲法上正当な理由となりえないことが明らかな人種、信条、性別等による差別を除いては、原則として、国会が正当に考慮することのできる他の政策的目的ないしは理由との関連において調和的に実現されるべきものと解さなければならない。」（強調　引用者）

と判示する（民集30巻3号244頁)。

(2) しかしながら、同判示は、『「投票価値の不均衡の是正」未達成の選挙で当選した国会議員が、**「国会の活動の正統性」を有しない**という**肝心な論点**』（平成26年大法廷判決（参）の5判事の補足意見および4判事の反対意見　上記1(1)〜(2)〈本書16頁〉参照）を見落としたものである。

(3) **【「国会の活動の正統性」**を有しない国会議員を含む国会が、投票価値の格差是正に直接係る選挙制度について、立法裁量権を有すること**】**は、不合理かつ不当であり、憲法が予定するものではない。

【「国会の活動の正統性」を有しない国会議員が、投票価値の格差是正に直接係る選挙区割りの立法について**立法裁量権**を有すること**】**は、そもそも、それ自体、**法理論として破綻**している。

(4) （「投票価値の不均衡の是正」未達成の選挙で当選した「国会の活動の正統性」を有しない国会議員を含む）国会は、立法裁量権を有しておらず、憲法の要求にしたがって、**実務上合理的にできる限りの**人口比例の選挙制度を速やかに立法することが求められる。

Ⅳ　人口比例選挙請求訴訟の目的は、【国民が「主権を行使する権利」を国会議員から回復すること】である：（本書20～21頁）

1　人口比例選挙請求訴訟の**目的**は、

【(**非**人口比例選挙〈ただし、衆院選（小選挙区）で格差・2.08倍；参院選（選挙区）で格差・3.03倍〉で選出された各院の全国会議員の**過半数**が、過半数決で内閣総理大臣を指名し、かつ立法を行っている）現在の**国会議員主権国家**】を、

【(全国民の過半数（50.1%）が各院の全国会議員の過半数（50.1%）を選出することを保障する）人口比例選挙の国家、すなわち、**国民主権国家**（換言すれば、憲法１条〈「**主権**の存する日本国民」〉および前文第１項第１文後段〈「主権が国民に存する」〉；56条２項〈「両議院の議事は、(略) 出席議員の**過半数**でこれを決し、」〉；前文第１項第１文前段〈「日本国民は**正当に**選挙された国会における代表者を通じて行動し」〉の定めのとおりの国家)】に

することである。

換言すれば、人口比例選挙請求訴訟の**目的**は、
【憲法１条および前文第１項第１文後段に基づき、**主権を有する国民が、**（現在、国会議員が憲法の条規に反して行使している）“**主権を行使する権利**”を、（国会議員の資格で**主権を有しない**）**国会議員**から回復すること】である。

2　**国民主権国家**では、**主権**を有する**国民**が、人口比例選挙（ただし、全国民の過半数（50.1%）が各院の全国会議員の過半数（50.1%）を選出する）で選出する国会議員の出席議員の過半数決で（すなわち、**国会議員を通して間**

接的に、）内閣総理大臣を指名し、かつ立法をする。

とはいえ、憲法の人口比例選挙の要求の程度は、**実務上合理的に実施可能な限りでの人口比例選挙**であれば足りると解される。

3　参院選で、**11ブロック制**を採用すれば、全国民の**49.85%**が全参院議員の過半数（50.1%）を選出する（和田淳一郎横浜市立大学教授〈2020.12.7〉「一票の平等はどこまでもとめられなくてはいけないか」（表４）https://note.com/juniwada/n/naa6c7a7015b5）。

なお、公明党、日本維新、社民党は、平成25年設置選挙制度協議会および平成29年設置選挙制度に関する専門委員会で、２度に亘り、11ブロック制を提案している。11ブロック制公明党案によれば、一票の最大格差は1.13倍である（平成26年参議院選挙制度に関する報告書18頁および平成30年度参議院選挙制度に関する報告書76頁）。

人口比例選挙では、全国民の過半数（50.1%）が、全国会議員の過半数（50.1%）を選出する。11ブロック制は、実質、人口比例選挙である。

11ブロック制（すなわち、実質人口比例選挙）を採用すれば、日本は、国会議員主権国家から、実質国民主権国家に変わる。

Ⅴ　参院選の投票価値の平等の要請が、衆院選のそれより「後退してよいと解すべき理由は見いだし難い」（①平成24年大法廷判決（参）民集66巻10号3368頁；②平成26年大法廷判決（参）民集68巻９号1374頁　参照）：（本書22～34頁）

１「法律案は、この憲法に特別の定のある場合を除いては、両議院で可決したとき法律となる。」（憲法59条１項）：（本書22～23頁）

昭和22（1947）～平成17（2005）年および同21（2009）～同24（2012）年の合計約61年間、政権与党は、衆議院で２／３以上の議席（憲法59条２項）を占めなかった。

下記**１～２**（本書22～26頁）で、当該約61年間の両院間の立法議案についての両院間の多数意見どうしの対立の歴史について、議論する（なお、平成17（2005）～平成20（2008）年および平成24（2012）年～令和４（2022）年の合計約14年間は、政権与党が、衆議院の全議員の２／３以上を占めるため、衆院の決議が参院のそれに優越する（憲法59条２項）。しかしながら、この約14年間は、昭和22（1947）～令和４（2022）年までの約75年間の国会史の中では、**例外**であることを付言する）。

(1)　憲法59条１項は、「法律案は、この憲法に特別の定のある場合を除いては、両議院で可決したとき法律となる。」と定める。

(2)　したがって、当該約61年（＝同約75年－同約14年）間、憲法59条１項より、法律案は、衆議院の可決と参議院の可決が、共に存在しない限り、法律にならなかった。

すなわち、当該約61年間、衆議院も参議院も、それぞれ、**全く対等に**、【相手方たる院（すなわち、衆議院にとっては、参議院；また参議院にとっては、衆議院）が実質的に提案した法律案を法律にするか否かについての最終的決定権（すなわち、拒否権）】を有した。

(3)　（上記(1)～(2)の小括）

そうである以上（すなわち、衆議院も参議院も、それぞれ、全く対等に、相手方たる院（すなわち、衆議院にとっては、参議院；また参議院にとっては、衆議院）が、他方が実質的に提案した法律案を法律にするか否かについての最終的決定権（すなわち、拒否権）を有している以上）、参院選の１票の投票価値の平等の要請が、衆院選のそれより「後退してよいと解すべき理由は見いだし難い」（平成24年大法廷判決（参）および平成26年大法廷判決（参））と解される。

したがって、本件選挙当日の各選挙区間の１票格差（最大）（3.03倍）は、少なくとも、2021年衆院選のそれ（2.079倍）より後退しているので、本件選挙は、違憲である、と解される。

2　当該約61年間に、衆議院の多数意見（50%超の意見）と参議院の多数意見（50%超の意見）が、最終的決議の直前までまたは最終的決議まで、対立した立法事案が、合計で15個あった。**その15個の立法事案の全てにおいて、参議院の多数意見が、法律の成立・不成立を決定した：**（本書23～26頁）

(1)　当該約61年間の国会の歴史の中で、法律案の成立につき、衆議院議員の多数意見と参議院議員の多数意見が、最終的な決議の直前まで対立し、その最終的な決議の直前に、衆議院が、参議院の修正案に全て同意して法律となった事例が、下記①～⑮の全15個のうち、下記（本書24～25頁）①～⑤、⑩～⑪、⑬～⑭の**９個**のみ存在した。

同９個の事例では、衆議院の多数意見を占める議員が与党を構成しており、その政権与党内閣が同９個の法律案の提案をした。

衆議院で多数を占める政権与党は、同９個の法律案が、国政にとって重要であるとみて、国政を担う政権与党として、憲法59条１項にしたがって、衆議院議員の多数意見が、最終的に参議院議員の多数意見の全修正要求を受け入れることにより、法律となった。

(2) 他方で、当該約61年間で、衆議院議員の多数意見と参議院議員の多数意見が、最終的な決議の時点まで対立した事例が、下記（本書24～25頁）の＊⑥～＊⑨、＊⑫、＊⑮の６**個**存在した。この**６個**の各法律案は、いずれも廃案となった。

本件裁判において、被上告人（原審被告）らは、下記①～⑮を争っていない。

【15個の立法事案】

① 昭和22（1947）年８月、第１回国会（片山内閣）で、参院は、労働省設置法案を修正し、同法は、参院の議員の多数意見（50%超の意見。以下、同じ）の修正どおりの内容で、成立した（竹中治堅　政策研究大学院大学教授『参議院とは何か1947～2010』〈中央公論新社2010〉321頁。衆議院ホームページ）。

② 昭和23（1948）年７月、第２回国会（芦田内閣）で、参院は、国家行政組織法案を修正し、同法は、参院の議員の多数意見の修正どおりの内容で、成立した（同321頁。衆議院ホームページ）。

③ 昭和25（1950）年11月召集の第９回国会（吉田内閣）で、参院は、地方公務員法案を修正し、同法は、参院の議員の多数意見の修正どおりの内容で、成立した（同321～322頁。衆議院ホームページ）。

④ 昭和26（1951）年10月召集の第12回国会（吉田内閣）で、参院は、行政機関職員定員法改正法案を修正し、同法は、参院の議員の多数意見の修正どおりの内容で、成立した（同322頁。衆議院ホームページ）。

⑤ 昭和26（1951）年12月召集の第13回国会（吉田内閣）で、参院は、[1]破壊活動防止法案；[2]大蔵省設置法改正案；[3]農林省設置法改正法案をそれぞれ修正し、これらの法は、いずれも参院の議員の多数意見の修正どおりの内容で、成立した（同322頁。衆議院ホームページ）。

＊⑥ 昭和27（1952）年７月、第13回国会（吉田内閣）で、参院の議

員の多数は、法案審議を進めなかったため、国家公務員法改正法案は廃案となった（同322頁）。

＊⑦　昭和36（1961）年６月、第38回国会（池田内閣）で、参院は、その多数意見で、政治的暴力行為防止法案の成立を阻止し、廃案とした（同324頁）。

＊⑧　昭和37（1962）年４月、第40回国会（池田内閣）で、参院は、その多数意見で、産業投資特別会計法改正法案の成立を阻止し、廃案とした（同324頁）。

＊⑨　昭和50（1975）年６月、第75回国会（三木内閣）で、参院は、その多数意見で、独占禁止法改正法案とたばこ・酒税法案の成立を阻止し、廃案とした（同324頁）。

⑩　平成元（1989）年12月、第116回国会（海部内閣）で、国民年金等改正法案につき、参議院で可決できるように、法案が衆院で修正され、同法は、両院で可決・成立した（同326頁。衆議院ホームページ）。

⑪　平成４（1992）年６月、第123回国会（宮澤内閣）で、PKO 協力法案は、参議院議員の多数の意見どおりに修正された。このため、自衛隊の国連平和維持軍への参加は、凍結された（同322頁。衆議院ホームページ）。

＊⑫　平成６（1994）年１月、第128回国会（細川内閣）で、政治改革関連法案は、参院で否決、不成立となった（同324頁）。

⑬　平成10（1998）年10月、第143回国会（小渕内閣）で、金融再生関連法案は、法案を参院で成立させるために、衆院が参院の多数意見の案を丸呑みする形で、両院で可決・成立した（同326頁。衆議院ホームページ）。

⑭　平成14（2002）年７月、第154回国会（小泉内閣）で、郵政公社法関連法案は、参院議員の多数の意見に合わせて、衆院で法案を修正して、両院で可決・成立した（同326頁。衆議院ホームページ）。

＊⑮　平成17（2005）年８月、第162回国会（小泉内閣）で、郵政民営化関連法案は、参院で否決され、廃案となった（同319～320頁）。

＊廃案となったことを示す。

⑶　（上記⑴～⑵の小括）

そうである以上（すなわち、衆議院の多数意見と参議院の多数意見が、最終的決議の直前までまたは最終的決議まで、対立した立法事案が15個あり、その15個の立法事案の全てにおいて、参議院の多数意見が、衆議院のそれに優越して、法律の成立・不成立を決定した以上）、**参院選の１票の投票価値の平等の要請の強さと、衆院選のそれは、いずれも、適切に民意を国政に反映すべき点で、相互に同等である、と解される**。

さらに言えば、憲法は、参院選の投票価値の平等の要請が、衆院選のそれと比べて劣後することを正当化し得るような条規を設けていない。

したがって、本件選挙当日の各選挙区間の議員１人当り有権者数格差（最大）（3.03倍）は、衆院選のそれ（2.079倍）より後退しているので、本件選挙は、違憲である、と解される。

3　【平成24年大法廷判決（参）および平成26年大法廷判決（参）のそれぞれの「さきに述べたような**憲法の趣旨、参議院の役割等**に照らすと、**参議院は、衆議院とともに、国権の最高機関として適切に民意を国政に反映する**機関としての（ただし、平成24年大法廷判決は、「機関としての」の文言を欠く。引用者　注）責務を負っていることは明らかであり、**参議院議員の選挙であること自体から直ちに投票価値の平等の要請が後退してよい**と解すべき理由は見いだし難い。」（強調　引用者）との判示に照らして、本件選挙において、**参院選の投票価値の平等の要請が、衆院選のそれより「後退してよい**と解すべき理由は見いだし難い」（強調　引用者）と解される**】**：（本書26～34頁）

⑴　ア　平成26年大法廷判決（参）は、

「　⑴ア　憲法は，二院制の下で，一定の事項について衆議院の優越を認める反面，参議院議員につき**任期を６年**の長期とし，**解散もなく，**

選挙は3年ごとにその半数について行うことを定めている（46条等）。**その趣旨**は，立法を始めとする多くの事柄について参議院にも衆議院とほぼ等しい権限を与えつつ，参議院議員の任期をより長期とすること等によって，多角的かつ長期的な視点からの民意を反映させ，衆議院との権限の抑制，均衡を図り，国政の運営の安定性，継続性を確保しようとしたものと解される。いかなる具体的な選挙制度によって，**上記の憲法の趣旨を実現し，投票価値の平等の要請と調和させていくかは，**二院制の下における参議院の性格や機能及び衆議院との異同をどのように位置付け，これをそれぞれの選挙制度にいかに反映させていくかという点を含め，国会の合理的な裁量に委ねられていると解すべきところであるが，その合理性を検討するに当たっては，参議院議員の選挙制度が設けられてから60年余にわたる制度及び社会状況の変化を考慮することが必要である。

前記**2**の参議院議員の選挙制度の変遷を衆議院議員の選挙制度の変遷と対比してみると，両議院とも，政党に重きを置いた選挙制度を旨とする改正が行われている上，都道府県またはそれを細分化した地域を選挙区とする選挙と，より広範な地域を選挙の単位とする比例代表選挙との組合せという類似した選出方法が採られ，その結果として**同質的な選挙制度**となってきており，急速に変化する社会の情勢の下で，議員の長い任期を背景に国政の運営における参議院の役割がこれまでにも増して大きくなってきているといえることに加えて，衆議院については，この間の改正を通じて，投票価値の平等の要請に対する制度的な配慮として，選挙区間の人口較差が**2倍未満**となることを基本とする旨の区割りの基準が定められていることにも照らすと，**参議院**についても，二院制に係る上記の**憲法の趣旨**との**調和**の下に，更に適切に民意が反映されるよう**投票価値の平等の要請について十分に配慮することが求められる**ところである。

イ　参議院においては，この間の人口変動により，都道府県間の人口較差が著しく拡大したため，半数改選という憲法上の要請を踏まえて定められた偶数配分を前提に，都道府県を単位として各選挙区の定数を定めるという現行の選挙制度の仕組みの下で，昭和22年の制度発足時には2.62倍であった選挙区間の最大較差が，昭和52年選挙の時点では5.26倍に拡大し，平成４年選挙の時点では6.59倍にまで達する状況となり，平成６年以降の数次の改正による定数の調整によって若干の較差の縮小が図られたが，５倍前後の較差が維持されたまま推移してきた。

ウ　**さきに述べたような憲法の趣旨**，参議院の**役割**等に照らすと，**参議院**は衆議院とともに国権の最高機関として**適切に民意を国政に反映する機関**としての責務を負っていることは明らかであり，**参議院議員の選挙であること自体**から，**直ちに**投票価値の平等の要請が**後退してよい**と解すべき理由は見いだし難い。」（強調　引用者）

と判示する（民集68巻９号1372～1374頁）。

イ　すなわち、**平成26年大法廷判決**（参）は、

「**さきに述べたような憲法の趣旨**、参議院の**役割**等に照らすと、参議院は、衆議院とともに、国権の最高機関として適切に民意を国政に反映する機関としての責務を負っていることは明らかであり、**参議院議員の選挙であること自体**から**直ちに投票価値の平等の要請が後退してよい**と解すべき理由は見いだし難い。」（強調　引用者）

と判示する。

同判示に照らせば、本件選挙において、参院選（選挙区）の「投票価値の平等の要請が」衆院選のそれより「**後退してよい**と解すべき理由は見いだし難い」。

ウ　平成24年大法廷判決（参）も、同旨である[12)]。

12）**平成24年大法廷判決（参）**は、

「⑴　憲法は、二院制の下で、一定の事項について衆議院の優越を認め（59条ないし61条、67条、69条）、その反面、参議院議員の**任期を６年**の長期とし、**解散（54条）もなく**、選挙は**３年ごとにその半数**について行う（46条）ことを定めている。**その趣旨**は、議院内閣制の下で、限られた範囲について衆議院の優越を認め、

機能的な国政の運営を図る一方、立法を始めとする多くの事柄について参議院にも衆議院とほぼ等しい権限を与え、参議院議員の任期をより長期とすることによって、多角的かつ長期的な視点からの民意を反映し、衆議院との権限の抑制、均衡を図り、国政の運営の安定性、継続性を確保しようとしたものと解される。いかなる具体的な選挙制度によって、**上記の憲法の趣旨**を実現し、**投票価値の平等の要請と調和**させていくかは、二院制の下における参議院の性格や機能及び衆議院との異同をどのように位置付け、これをそれぞれの選挙制度にいかに反映させていくかという点を含め、国会の合理的な裁量に委ねられているところであるが、その合理性を検討するに当たっては、参議院議員の選挙制度が設けられてから60年余、当裁判所大法廷において前記３の基本的な判断枠組みが最初に示されてからでも30年近くにわたる、制度と社会の状況の変化を考慮することが必要である。

参議院議員の選挙制度の変遷は前記**２**のとおりであって、これを衆議院議員の選挙制度の変遷と対比してみると、両議院とも、政党に重きを置いた選挙制度を旨とする改正が行われている上、選挙の単位の区域に広狭の差はあるものの、いずれも、都道府県又はそれを細分化した地域を選挙区とする選挙と、より広範な地域を選挙の単位とする比例代表選挙との組合せという類似した選出方法が採られ、その結果として**同質的な選挙制度**となってきているということができる。このような選挙制度の変遷とともに、急速に変化する社会の情勢の下で、議員の長い任期を背景に国政の運営における**参議院の役割はこれまでにも増して大きくなってきている**ということができる。加えて、**衆議院**については、この間の改正を通じて、投票価値の平等の要請に対する制度的な配慮として、選挙区間の人口較差が**２倍未満**となることを基本とする旨の区割りの基準が定められている。これらの事情に照らすと、**参議院**についても、二院制に係る上記の憲法の趣旨との**調和**の下に、更に適切に民意が反映されるよう**投票価値の平等の要請について十分に配慮することが求められる**ところである。

参議院においては、この間の人口移動により、都道府県間の人口較差が著しく拡大したため、半数改選という憲法上の要請を踏まえた偶数配分を前提に、都道府県を単位として各選挙区の定数を定めるという現行の選挙制度の仕組みの下で、昭和22年の制度発足時には２．62倍であった最大較差が、昭和58年大法廷判決の判断の対象とされた昭和52年選挙の時点では5.26倍に拡大し、平成８年大法廷判決において違憲の問題が生ずる程度の投票価値の著しい不平等状態と判断された平成４年選挙の時点では6.59倍にまで達する状況となり、その後若干の定数の調整によって是正が図られたが、基本的な選挙制度の仕組みについて見直しがされることはなく、５倍前後の較差が維持されたまま推移してきた。

⑵　さきに述べたような**憲法の趣旨**、参議院の**役割**等に照らすと、参議院は衆議院とともに国権の最高機関として適切に民意を国政に反映する責務を負っていることは明らかであり、参議院議員の選挙であること自体から、**直ちに**投票価値の平等の要請が**後退**してよいと解すべき理由は見いだし難い。」（強調　引用者）

と判示する（民集66巻10号3366～3368頁）。

(2) ア 平成29年大法廷判決（参）は、

「(2) **憲法は**，二院制の下で，一定の事項について衆議院の優越を認める反面，参議院議員につき**任期を６年**の長期とし，解散もなく，選挙は**３年ごとにその半数**について行うことを定めている（**46条等**）。その趣旨は，立法を始めとする多くの事柄について参議院にも**衆議院とほぼ等しい権限を与え**つつ，参議院議員の任期をより長期とすること等によって，多角的かつ長期的な視点からの民意を反映させ，衆議院との権限の抑制，均衡を図り，国政の運営の安定性，継続性を確保しようとしたものと解される。そして，いかなる具体的な選挙制度によって，上記の憲法の趣旨を実現し，投票価値の平等の要請と調和させていくかは，二院制の下における参議院の性格や機能及び衆議院との異同をどのように位置付け，これをそれぞれの選挙制度にいかに反映させていくかという点を含め，国会の合理的な裁量に委ねられていると解すべきである。このことも，前記(1)と同様，累次の大法廷判決が基本的な立場として承認してきたところである。

(3) 前記(1)のとおり，投票価値の平等は，選挙制度の仕組みを決定する唯一，絶対の基準となるものではなく，国会が正当に考慮することができる他の政策的目的ないし理由との関連において調和的に実現されるべきものであり，また，前記(2)のとおり，憲法が，国会の構成について二院制を採用し，衆議院と参議院の権限及び議員の任期等に差異を設けている趣旨に鑑みれば，二院制の下での参議院の在り方や役割を踏まえ，参議院議員につき衆議院議員とは異なる選挙制度を採用し，国民各層の多様な意見を反映させて，参議院に衆議院と異なる独自の機能を発揮させようとすることも，選挙制度の仕組みを定めるに当たって国会に委ねられた裁量権の合理的行使として是認し得るものと考えられる。そして，具体的な**選挙制度の仕組みを決定するに当たり**，一定の地域の住民の意思を集約的に反映させるという意義ないし機能を加味する観点から，政治的に一つのまとまりを有する単位である**都道府県の意義や実体等を一つの要素として考慮すること自体が否定されるべきものであるとはいえず**，投票価値の平等の要請との調和が保たれる限りにおいて，このような要素を踏まえた選挙制度を構築することが直ちに国会の合理的な裁量を超えるものとは解されない。

平成24年大法廷判決及び**平成26年大法廷判決**は，上記のような選挙制度の構築についての国会の裁量権行使の合理性を判断するに当たって，長年にわたる制度及び社会状況の変化を考慮すべき必要性を指摘し，その変化として，参議院議員と衆議院議員の各選挙制度が同質的なものとなってきており，国政の運営における参議院の役割が増大してきていることに加え，衆議院については投票価値の平等の要請に対する制度的な配慮として選挙区間の人口較差が**2倍未満となることを基本とする**旨の区割りの基準が定められていることなどを挙げて，これらの事情の下では，昭和58年大法廷判決が長期にわたる投票価値の大きな較差の継続を許容し得る根拠として挙げていた諸点につき，数十年間にもわたり5倍前後の大きな較差が継続することを正当化する理由としては十分なものとはいえなくなっている旨を指摘するとともに，都道府県を各選挙区の単位としなければならないという憲法上の要請はなく，むしろ，都道府県を各選挙区の単位として固定する結果，上記のように長期にわたり大きな較差が継続していた状況の下では，上記の都道府県の意義や実体等をもって上記の選挙制度の仕組みの合理性を基礎付けるには足りなくなっていたとしたものである。しかし，この判断は，都道府県を各選挙区の単位として固定することが投票価値の大きな不平等状態を長期にわたって継続させてきた要因であるとみたことによるものにほかならず，**各選挙区の区域を定めるに当たり，都道府県という単位を用いること**自体を不合理なものとして許されないとしたものではない。

もとより，参議院議員の選挙について，**直ちに**投票価値の平等の要請が**後退**してよいと解すべき理由は見いだし難く，参議院についても更に適切に民意が反映されるよう投票価値の平等の要請について十分に配慮することが求められる**ものの**，上記のような**憲法の趣旨**，参議院の**役割**等に照らすと，**参議院議員の選挙における投票価値の平等**は，**憲法上3年ごとに議員の半数を改選することとされていることなど，**

議員定数の配分に当たり考慮を要する固有の要素があることを踏まえつつ，二院制に係る上記の**憲法の趣旨との調和の下に**実現されるべきであることに変わりはないというべきである。」（強調　引用者）

と判示する（民集71巻7号1148～1150頁）。

イ　同判示は、①「各選挙区の区域を定めるにあたり、都道府県という単位を用いること」を認める点および②参院選の投票価値の平等の要請が、「憲法上3年ごとに議員の半数を改選することとされていることなど，議員定数の配分に当たり考慮を要する固有の要素があること」を理由として、衆院選のそれより後退することがあり得ることを容認する可能性を残す文言を含む点で、上記⑴（本書26～29頁）の平成26年大法廷判決（参）の判示および平成24年大法廷判決（参）の判示と**矛盾する**。

ウ　以下、詳述する。

㈠　平成24年大法廷判決（参）（民集66巻10号3368頁）および平成26年大法廷判決（参）（民集68巻9号1374頁）は、それぞれ

「さきに述べたような**憲法の趣旨**、**参議院の役割**等に照らすと、**参議院は、衆議院とともに、国権の最高機関として適切に民意を国政に反映する**機関としての（ただし、平成24年大法廷判決は、「機関としての」の文言を欠く。引用者　注）責務を負っていることは明らかであり、**参議院議員の選挙であること自体から直ちに投票価値の平等の要請が後退してよい**と解すべき理由は見いだし難い。」（強調　引用者）

と判示した。

㈡　ところが、平成29年大法廷判決（参）（民集71巻7号1150頁）は、

「参議院議員の選挙について，**直ちに**投票価値の平等の要請が**後退**してよいと解すべき理由は見いだし難く，参議院についても更に適切に民意が反映されるよう投票価値の平等の要請について十分に配慮することが求められる**ものの**，上記のような**憲法の趣旨**，参議院の**役割**等に照らすと，**参議院議員の選挙における投票価値の平等**は，**憲法上3**

年ごとに議員の半数を改選することとされていることなど，議員定数の配分に当たり考慮を要する固有の要素があることを踏まえつつ，二院制に係る上記の**憲法の趣旨との調和の下に**実現されるべきであることに変わりはないというべきである。」（強調　引用者）」

と判示する。

すなわち、平成29年大法廷判決（参）は、**【**①任期６年；②３年毎の半数改選；③解散ナシとの**憲法の趣旨**および**参議院の役割等】**を考慮した上で、「参議院議員の選挙について，**直ちに**投票価値の平等の要請が**後退**してよいと解すべき理由は見いだし難く，」との判断をしながら（ただし、上記(1)の平成26年大法廷判決（参）の判示（本書26〜28頁）および平成24年大法廷判決（参）の判示（本書28〜29頁）と同旨と解される。）、**再度同じ**（①任期６年；②３年毎の半数改選；③解散ナシとの）**憲法の趣旨**および**参議院の役割等**を理由に用いて、

「参議院議員の選挙における投票価値の平等は，憲法上３年ごとに議員の半数を改選することとされていることなど，議員定数の配分に当たり考慮を要する固有の要素があることを踏まえつつ，二院制に係る上記の**憲法の趣旨との調和の下に**実現されるべきであることに変わりはないというべきである。」（強調　引用者）

と判示する。

(ウ)　平成29年大法廷判決（参）の同判示は、平成26年大法廷判決（参）の「さきに述べたような**憲法の趣旨**、**参議院の役割等**に照らすと、**参議院は、衆議院とともに、国権の最高機関として適切に民意を国政に反映する**機関としての責務を負っていることは明らかであり、**参議院議員の選挙であること自体から直ちに投票価値の平等の要請が後退してよい**と解すべき理由は見いだし難い。」（強調　引用者）の判示と、**矛盾する**（すなわち、平成29年大法廷判決（参）の同判示は、『参院選の投票価値の平等の要請が衆院選のそれより後退してもよい』旨の解釈を許容する可能性がある。）。

平成29年大法廷判決（参）の同判示は、上記**ウ(イ)**～**(ウ)**（本書32～34頁）のとおり結論を導く理由付が**論理的でない**ので、**法理論として、破綻している**と言わざるを得ない。

エ　平成29年大法廷判決（参）の同判示（上記**ウ(イ)**（本書32～33頁）参照）は、[1]「判例変更」の記述を欠き、かつ[2]従来の先例（平成26年大法廷判決（参）および平成24年大法廷判決（参））が誤りであったことを認めたうえでの、真に説得力を有する判例変更の理由の記述を欠いている。

よって、平成29年大法廷判決（参）の同判示は、**不当な判例変更**であり、判例変更の効力を有しない（下記**IX**（本書59～61頁）参照）。

よって、最高裁判所大法廷は、平成29年大法廷判決（参）の同判示に拘らず、先例（平成26年大法廷判決（参）および平成24年大法廷判決（参））に拘束される。

4　（小括）

(1)　**憲法59条１項の定める通り**、参議院と衆議院は、**対等に**、法律の成立、不成立の最終的決定権（すなわち、拒否権）を有する（上記**１～２**〈本書22～26頁〉参照）。

したがって、同判示の**「適切に民意を国政に反映する」**（強調　引用者）程度（すなわち、**民意にどの程度近いかの距離**）を測る重要な指標たる、投票価値において、衆院選と参院選で、**差**があってはならない（すなわち、参議院の投票価値は、衆議院のそれと**同等**でなければならない)、と解される（上記**１～３**（本書22～33頁))。

(2)　したがって、本件選挙当日の各選挙区間の議員１人当り有権者数格差（最大）（3.03倍）は、2021年衆院選のそれ（2.079倍）より後退しているので、本件選挙は、違憲である、と解される。

Ⅵ　平成24年～令和２年迄の４個の大法廷判決（参）の趣旨に照らして、本件選挙は、“違憲状態”である：（本書35～46頁）

序（本書35～37頁）

2012年～2022年までの10年間の参院選挙の選挙区割の変動は、下記**【表１】**のとおりである。

【表1】

参院選／改正法 年月	平成24年改正法 (2012.11.26)	平成25年参院選 (2013.7.21)	平成27年改正法 (2015.8.5)
①改正法の内容等	[1] **附則** 「平成二十八年に行われる参議院議員の通常選挙に向けて、参議院の在り方、選挙区間における議員一人当たりの人口の較差の是正等を考慮しつつ選挙制度の**抜本的な見直し**について引き続き検討を行い、**結論を得るものとする。**」 [2] 4増4減		[1] **4県2合区** [2] **附則7条** 「平成三十一年に行われる参議院議員の通常選挙に向けて、参議院の在り方を踏まえて、選挙区間における議員一人当たりの**人口の較差の是正等**を考慮しつつ選挙制度の**抜本的な見直し**について引き続き検討を行い、**必ず結論を得る**ものとする。」 [3] 10増10減
②最高裁大法廷判決		**平成26年判決** **（違憲状態）** 平26.11.26	
③有権者数最大較差（倍）		**4.769**	
④有権者数最大較差**3倍以上**の選挙区数		**17**	
⑤有権者数較差が**3倍以上**の選挙区の**全有権者数**（人）		69,517,486	
⑥有権者数最大較差**2倍以上**の選挙区数		**31**	
⑦有権者数較差が**2倍以上**の選挙区の全有権者数（人）		89,833,058	

平成28年参院選 (2016.7.10)	平成30年改正法 (2018.7.25)	令和1年参院選 (2019.7.21)		令和4年参院選 (2022.7.10) **(本件選挙)**
	1 **選挙区選挙の定数・146人を定数・148人に変更。(ただし、埼玉県選挙区定数が、2増加)** 2 **同法の審議**において、**参議院選挙制度改革**について憲法の趣旨にのっとり引き続き検討する旨述べる**附帯決議**がされた。 3 比例制選挙の定数・96人を定数・100人に変更。特定枠制導入。		**法改正なし**	
平成29年判決 **是正要求付** **“違憲状態ではない”** 平29.9.27		**令和2年判決** **是正要求付** **“違憲状態ではない”** 令2.11.18		
3.077		**3.002**		**3.030**
1		**1**		**3**
6,069,018		1,942,518		**21,073,091**
21		**21**		**21**
78,284,911		78,390,809		**78,048,225**

1　【平成24年以降令和４年迄の４個の大法廷判決（参）および３個の改正法】（本書38～41頁）

平成22（2010）年以降令和４（2022）年までの12年間の、各参院選についての４個の最高裁大法廷判決（参）、および３個の改正法は、上記一覧表（本書36～37頁）および下記(1)～(8)（本書38～41頁）のとおりである。

(1)　**平成22年参院選**（選挙区）の投票価値の格差（最大）は**5.00倍**であった（平成24年大法廷判決（参）民集66巻10号3364頁）。

平成24年大法廷判決（参）は、「都道府県を単位として各選挙区の定数を設定する現行の方式をしかるべき形に改めるなど、現行の選挙制度の仕組み自体の見直しを内容とする立法的措置を講じ、できるだけ速やかに違憲の問題が生ずる前記の不平等状態を解消する必要がある。」（強調　引用者）と記述し、『該選挙は、違憲の問題が生ずる程度の著しい不平等状態（すなわち、いわゆる“違憲状態”）にあった』旨判示した。

(2)　**平成24年改正法**は、４増４減を導入し、かつ**同改正法附則**は、「**平成28年**に行われる参議院議員の通常選挙に向けて、参議院の在り方、選挙区間における議員一人当たりの人口の**較差の是正**等を考慮しつつ選挙制度の**抜本的な見直し**について引き続き検討を行い、**結論を得るものとする**。」（強調　引用者）と定める。

平成25年参院選（選挙区）の投票価値の格差（最大）は、**4.77倍**であった（平成26年大法廷判決（参）民集68巻９号1376頁）。

(3)　**平成26年大法廷判決**（参）は、「**できるだけ速やかに**、現行の**選挙制度の仕組み自体の見直し**を内容とする立法措置によって違憲の問題が生ずる前記の不平等状態が解消される**必要がある**というべきである。」（強調　引用者）と記述し、『該選挙は、“違憲状態”である』旨判示した。

(4)　**平成27年改正法**は、４県２合区および10増10減を導入した。投票価値の最大格差は、**4.77倍**（平成25年参院選挙日）から**3.08倍**（平成28年参院選挙日）に減少した（平成29年大法廷判決（参）民集71巻7号1151頁）。

平成27年改正法附則7条は、「**平成三十一年**に行われる参議院議員の通常選挙に向けて、参議院の在り方を踏まえて、選挙区間における議員一人当たりの**人口の格差の是正等**を考慮しつつ選挙制度の**抜本的な見直し**について引き続き検討を行い、**必ず結論を得る**ものとする。」（強調引用者）と定める。

(5)　平成29年大法廷判決（参）は、

「(4)　本件選挙は，平成26年大法廷判決の言渡し後に成立した**平成27年改正法**による改正後の本件定数配分規定の下で施行されたものであるところ，**同法**は，従前の改正のように単に一部の選挙区の定数を増減するにとどまらず，人口の少ない選挙区について，参議院の創設以来初めての**合区**を行うことにより，都道府県を各選挙区の単位とする選挙制度の仕組みを見直すことをも内容とするものであり，これによって平成25年選挙当時まで数十年間にもわたり5倍前後で推移してきた選挙区間の最大較差は2.97倍（本件選挙当時は**3.08倍**）にまで縮小するに至ったのである。

この改正は，長期間にわたり投票価値の大きな較差が継続する要因となっていた上記の仕組みを見直すべく，人口の少ない一部の選挙区を**合区**するというこれまでにない手法を導入して行われたものであり，これによって選挙区間の最大較差が上記の程度にまで縮小したのであるから，**同改正**は，前記の参議院議員選挙の特性を踏まえ，**平成24年大法廷判決**及び**平成26年大法廷判決**の**趣旨に沿って**較差の是正を図ったものとみることができる。また，**平成27年改正法**は，**その附則**において，**次回の通常選挙**に向けて**選挙制度の抜本的な見直し**について引き続き検討を行い**必ず結論を得る**旨を定めており，これによって，今後における投票価値の**較差の更なる是正に向けての方向性**と**立法府の決意**が示されるとともに，再び上記のような大きな較差を生じさせることのないよう配慮されているものということができる。

そうすると，**平成27年改正**は，都道府県を各選挙区の単位とする選挙制度の仕組みを改めて，長年にわたり選挙区間における大きな投票価値の不均衡が継続してきた状態から脱せしめるとともに，**更なる較差の是正を指向**するものと評価することができる。」（強調　引用者）

と記述し、『当該選挙は“違憲状態”ではない』旨判示した。

⑹　**平成30年改正法**は、選挙区では、定数を**2増加（ただし、埼玉県選挙区定数を2増加）**した。

令和元年参院選（選挙区）では、4県2合区が維持され、投票価値の最大格差は、3.08倍（平成28年参院選日）から**3.00倍**（令和元年参院選日）に減少した（令和2年大法廷判決（参）民集74巻8号2125頁）。

⑺　平成30年改正法から本件選挙（令和4年）までの4年間、参院選挙制度に関する**法改正はなかった**。

⑻　**令和2年大法廷判決**（参）は、

「　そこで検討すると，平成28年選挙後に成立した**平成30年改正法**の内容は，結果として，選挙区選出議員に関しては1選挙区の定数を2人増員する措置を講ずるにとどまっている。他方，同法には上記附則のような規定が設けられておらず，同法の審議において，参議院選挙制度改革について憲法の趣旨にのっとり引き続き検討する旨述べる**附帯決議**がされたが，その中では選挙区間における**較差の是正等について明確には言及されていない**。国民の意思を適正に反映する選挙制度が民主政治の基盤であり，**参議院議員選挙**については**直ちに**投票価値の平等の要請が**後退**してもよいと解すべき理由は見いだし難く，前記⑵で述べた憲法の趣旨等との調和の下に**投票価値の平等が実現されるべきこと**は**平成29年大法廷判決**等でも指摘されているのであるから，立法府においては，今後も不断に人口変動が生ずることが見込まれる中で，**較差の更なる是正を図るとともに**，これを再び拡大させずに持続していくために必要となる**方策等について議論し，取組を進めることが求められている**ところ，上記のような平成30年改正において，**こうした取組が大きな進展を見せているとはいえない**。

しかしながら，前記のような**平成30年改正**の経緯及び内容等を踏まえると，**同改正**は，参議院議員の選挙制度について様々な議論，検討を経たものの容易に成案を得ることができず，合区の解消を強く望む意見も存在する中で，**合区を維持**して**僅かではあるが較差を是正しており**（すなわち、最大較差が3.08倍から3.00倍に縮小　（引用者注）），数十年間にわたって５倍前後で推移してきた最大較差を**前記の程度**（最大較差3.08倍　（引用者注））まで縮小させた**平成27年改正法における方向性を維持するよう配慮したものである**ということができる。また，参議院選挙制度の改革に際しては，憲法が採用している二院制の仕組みなどから導かれる参議院が果たすべき役割等も踏まえる必要があるなど，事柄の性質上慎重な考慮を要することに鑑みれば，**その実現は漸進的**にならざるを得ない面がある。そうすると，**立法府の検討過程において較差の是正を指向する姿勢が失われるに至った**と断ずることはできない。」（強調　引用者）

と記述し、『当該選挙は“違憲状態”ではない』旨判示した。

2　**【本件選挙について、平成29年大法廷判決（参）および令和２年大法廷判決（参）の趣旨に照らして、「立法府の検討過程において格差の是正を指向する姿勢」が取られていない】**（本書41～45頁）

下記(1)～(5)（本書42～45頁）に示すとおり、本件選挙について言えば、平成29年大法廷判決（参）および令和２年大法廷判決（参）の趣旨に照らして、**「立法府の検討過程において格差の是正を指向する姿勢」が取られていない**。

(1)　**平成24（2012）年大法廷判決（参）**が、立法府に対して、「**できるだけ速やかに**」、都道府県を選挙区の単位とする現行の選挙制度の仕組み自体の見直しをするよう求めた判決日以降本件選挙迄に、既に**10年間**経過した。

さらに、平成26（2014）年大法廷判決（参）も、重ねて、「**できるだけ速やかに**現行の**選挙制度**の仕組み自体の見直しを内容とする立法措置によって違憲の問題が生ずる前記の不平等状態が解消される**必要がある**というべきである。」（強調　引用者）と判示している。

しかしながら、立法府は、未だ、都道府県を選挙区の単位とする選挙制度自体を見直すなどの抜本的見直しのための立法措置を講じていない。

(2)　特に、平成24年改正法附則が、「**平成28年**に行われる参議院通常選挙に向けて」「選挙制度の**見直し**について、引き続き検討を行い**結論を得るものとする**。」（強調　引用者）と定め、

平成27年改正法附則７条も、「**平成31年**に行われる参議院議員通常選挙に向けて」「選挙制度の**抜本的見直し**について引き続き検討を行い、**必ず結論を得るものとする。**」（強調　引用者）と定めるとおり、

立法府は、**【選挙制度の抜本的見直しの立法措置**は、平成24年改正法附則および平成27年改正法附則７条のそれぞれの文言が示すとおり、各附則の成立日から**４年間以内に、実行可能であること】を立法府自ら認めている**。

(3)　上記(2)のとおり、それが実行可能であるにも拘らず、【平成25年以降、立法府が、参議院改革協議会および参議院憲法審査会において、選挙改革を含む事項に関する**同様の議論を繰り返し**（平成26年報告書および平成30年報告書）、平成30年改正法以降本件選挙迄の４年間以内に、都道府県を単位とする選挙制度の仕組み自体の見直しなどの**立法措置を講じなかったばかりでなく、格差の是正を指向する姿勢を取ることもなく、本件選挙の投票価値の格差が前回選挙の3.00倍から3.03倍に増大した事実】**を考察すると、【立法府は、本件選挙の時点（令4.7.10）で、「**較差の是正を指向する姿勢**」（令和２年大法廷判決（参）民集74巻８号2126頁）を「**維持**」（同2126頁）**していなかった】**と解される。

(4) 2022年参議院議員選挙（半数改選）当選全議員・125人の中、自民党参議院議員数は、63人であり、かつ改選全参院議員の**50.4**%（＝63÷125×100%）である（NHK ウェブサイト：https://www.nhk.or.jp/senkyo/database/sangiin/）。

ただし、本件選挙日現在、全自民党参議院議員は、119人であり、全参院議員の**47.98%**（＝119人÷248人）である（同上参照）。

(5)【最高裁が本件選挙は、少なくとも、“違憲状態”である旨の判決を言渡さない限り、合理的に見て、立法府は、次回の令和7年参院選に向けて、「格差の是正を指向する姿勢」を取らないであろうと合理的に予測される】

ア 結論から先に言えば、【令和2年大法廷が是正要求付合憲判決を言渡した結果、国会が平成30年改正法以降本件選挙迄の4年間、選挙制度に関する法改正をしないまま本件選挙に至ったという、当該4年間の国会の歴史】に照らし、

自民党参院議員119人（すなわち、全参院議員・248人の中の**47.98%**）が、合区反対（すなわち、都道府県を単位とする選挙制度自体の見直し反対）の意見で、**合区解消**の条規（ただし、自民党改憲草案47条1項）を含む**憲法改正**を**政治目的**としている以上、最高裁が、本件選挙につき、少なくとも、

“違憲状態”判決を言渡さない限り、【国会が、本件選挙日以降次回選挙迄の間、**投票価値の格差の「是正を指向する姿勢」**（令和2年大法廷判決（参）民集74巻8号2126頁）**を取ること】**は、**合理的にみて、ないであろう**と、解される。

平成29年大法廷判決（参）および令和2年大法廷判決（参）が、更なる格差是正が必要としながらも“違憲状態ではない”と判示したことが、立法府の「是正を指向する姿勢を」を消極化させた理由である、と合理的に推察される。

よって、上告人（原審原告）らは、本件裁判で、最高裁大法廷が、少なくとも、“違憲状態”判決を言渡すよう、求める。

イ　**参議院改革協議会**において、令和３年５月から令和４年６月までの間、合計13回にわたり、参議院の在り方、参議院選挙制度、議員の身分保障等に関する検討が行われたが、参院選挙制度改革について意見の集約はできず、投票価値の不均衡を縮小させることに関する**具体的な方向性が示されることはなかった**。また、令和４年５月および同年６月開催の**参議院憲法審査会**においても、参院選挙制度改革について**具体的な方向性は示されなかった**。

「　その結果、**平成30年改正後**に参議院選挙制度改革に係る法律が**新たに立法されることはなく**、本件選挙は、平成30年改正法による本件定数配分規定の下で行われた**２回目の選挙**となり、

（略）選挙区間の最大較差は、令和元年選挙当時の**3.00倍**から本件選挙当時は**3.03倍**に拡大し、また、選挙区間の較差が３倍を超える選挙区が**３選挙区**に拡大し、当該３選挙区の選挙人数の合計は**約2107万人**であり、**全有権者数約１億0501万人**のうちの**約20％**を占めるに至っている。**これは、平成29年大法廷判決**及び**令和２年大法廷判決**が、立法府において、今後も不断に人口変動が生ずることが見込まれる中で、**更なる較差の是正（すなわち、最大較差・3.00倍を更に是正すること（引用者注））を図るとともに**、これを再び拡大させずに持続していくために必要となる**方策等について議論し、取組を進めること**が**求められる**とした**趣旨に沿わない立法状況のまま**、本件選挙に至ったものというほかはない。

　そうすると、**憲法の予定している司法権と立法権との関係**に由来するものとして、**裁判所**が選挙制度の憲法適合性について一定の判断を示すことにより、**国会が**これを踏まえて自ら所要の適切な是正の措置を講ずることが**憲法上想定されている**と解される**（平成26年大法廷判決参照）趣旨**に照らし、**平成29年大法廷判決及び令和２年大法廷判決の趣旨に沿わない立法状況のまま施行に至った本件定数配分規定下での本件選挙**は、違憲の問題が生ずる程度の投票価値の著しい不平等状態の下施行されたものと判断するのが相当である。」（改行、強調　引用

者）

（**令4.10.18東京高判**判決文33頁　裁判所ウェブサイト：https://www.courts.go.jp/app/files/hanrei_jp/098/092098_hanrei.pdf）。

3　【本件選挙では、有権者数格差・3倍超の3選挙区の有権者が、2107万3091人に達した】（本書45～46頁）

(1)　令和2年大法廷判決（参）は、

「　**国民の意思を適正に反映する選挙制度が民主政治の基盤**であり，**参議院議員選挙**については**直ちに**投票価値の平等の要請が**後退**してもよいと解すべき理由は見いだし難く，前記(2)で述べた憲法の趣旨等との調和の下に**投票価値の平等が実現**されるべきことは平成29年大法廷判決等でも指摘されているのであるから，立法府においては，今後も不断に人口変動が生ずることが見込まれる中で，**較差の更なる是正**を図るとともに，これを再び拡大させずに持続していくために必要となる**方策等について議論し，取組を進めることが求められている**ところ，上記のような平成30年改正において，こうした**取組**が**大きな進展を見せているとはいえない**。」（強調　引用者）

と判示する（民集74巻8号2126頁）。

すなわち、同判示は、「**較差の更なる是正**」のための**「取組を進めることが求められる」**旨判断している。

したがって、同判示が該参院選（選挙区）の較差・3.00倍からの「較差の更なる是正」を求めている以上、同判示により、全有権者は、【本件選挙につき、選挙権の制限が、少なくとも、**【較差が3.00倍を超えない】**という利益】を受けている、と解される。

本件選挙では、令和元年選挙時の格差は、3.00倍から3.03倍に増大した。そのために、選挙権の不当な制限を被った（すなわち、**不当に主権の行使を制限された**）有権者が、**2107万3091人**にも達した。

(2)　**一人の国民**が不当に権利を侵害され、提訴した場合、**裁判官**は、**憲法32条、76条３項、99条に基づき、当該一人の国民を司法救済する義務を負う**。

(3)　本件選挙の場合、**2107万3091人**が、令和２年大法廷判決（参）の上記**３(1)**（本書45頁）記載の判示に反して、不当な選挙権の制限（すなわち、**不当な主権の行使の制限**）の被害を被っている。

当裁判所が、本件裁判で、少なくとも、違憲状態判決を言渡すことにより、同2107万3091人（ただし、上告人〈原審原告〉らを含む）は、**全員**、**“違憲状態” 判決言渡しの限りにおいて**、同違憲状態判決から生じる**反射的利益**を受けるので、結果として**実質的に司法救済される**（ただし、上告人（原審原告）らは、提訴しているので、法律上保護されるべき利益を有する）。

4　さらに、本件選挙では、平成24年大法廷判決（参）および平成26年大法廷判決（参）の『参院選の投票価値の平等の要請が衆院選のそれに「後退してよいと解すべき理由は見いだし難い。」』旨の判示に照らし（上記**Ｖ３(1)**〈本書26～29頁〉参照）、上記**【表１】**⑦（本書36～37頁）記載のとおり、**7804万8225人**の有権者が、投票価値格差２倍以上の不当な選挙権の制限（すなわち、**不当な主権の行使の制限**）の被害を被った（上記**３**（本書45～46頁）参照）。

Ⅶ　2022年３月韓国大統領選挙等：（本書47～52頁）

1　2022年韓国大統領選；2022年ブラジル大統領選

(1)　韓国大統領選は、人口比例選挙である。

2022年３月10日韓国大統領選の結果は、下記**【表２】**のとおり、尹《ユン》氏が48.56％、李氏が47.83％をそれぞれ得票した[13]。

【表２】

2022.3.10韓国大統領選挙

候補者名	尹錫悦氏 ユンソクヨル	李在明氏 イジェミョン	差
得票	1639万4815票	1614万7738票	24万7077票
得票率	48.56％	47.83％	0.73％

＊全有効投票　33,760,311票
＊韓国：（人口）51,745,000人　（投票率）77.1％
＊日本：（人口）125,190,000人　（投票率）55.9％（令和３（2021）年衆院選）

両氏の得票差は0.73％（＝48.56％－47.83％）であり、0.37％（＝0.73％×0.5）の**著しい僅差**で、尹《ユン》氏が大統領に当選し、**政権交代した**。

なお、尹《ユン》氏、李氏の２者間の得票比率をみると、

尹《ユン》氏：50.38％、
李氏：49.62％　の著しい僅差であった[13]。

(2)　さらに言えば、2022年10月30日ブラジル大統領選（ただし、人口比例

13）朝日新聞2022/3/10デジタル：https://digital.asahi.com/articles/ASQ396FB5Q33UHBI05Y.html
（尹氏）16,394,815人……………………①
（李氏）16,147,738人……………………②
32,542,553人（①＋②）………③
①÷③＝**0.5038**…………………………④
②÷③＝**0.4962**…………………………⑤

選挙）では、２氏間の決選投票で、ルナ氏が60,345,999票（**50.90%**）、ボルソナロ氏が58,206,354票（**49.10%**）をそれぞれ得票し、50.90%を得票したルナ氏が、ブラジル大統領に就任した[14]。投票率は、79.42%であった（Wikipedia参照）。

2022年10月ブラジル大統領が、仮に投票価値格差・2.08倍（ただし、2021年衆院選〈小選挙区〉の格差の値）の**非**人口比例選挙であると仮定すると、【2022年10月ブラジル大統領の勝者と敗者が逆転しないこと】は、保障されない。

このことは、2022年韓国大統領選についても、同様に当てはまる。

(3) 上記**(1)**、**(2)**に示すとおり、日本の衆院選（小選挙区）、参院選（選挙区）のそれぞれの１票格差（ただし、2021年衆院選（小選挙区）の１票格差2.08倍；本件選挙の１票格差・303倍）の**非**人口比例選挙は、2022年韓国大統領選；2022年ブラジル大統領選の人口比例基準（すなわち、人口比例選挙により、全投票者からの**過半数の得票で**、行政権の長〈執行者〉を決定すること）に照らすと、明らかに不条理、不合理である。

2　一人当たり購買力平価換算GDP（日本と韓国の対比）

2020年の時点で、日本は、下記**【表３】**の通り、一人当たり購買力平価換算GDPで、韓国に劣後している（ただし、ニッセイ基礎研究所レポート掲載のIMF〈国際通貨基金〉公表のデータ〈2021年４月現在。日本は、IMF加盟国〉）。

14）https://ja.wikipedia.org/wiki/2022年ブラジル大統領選挙

【表 3】

一人当たり GDP（購買力平価換算）

	2020年
日本	42,248.00ドル
韓国	44,620.99ドル

出典：ニッセイ基礎研究所レポート https://www.nissay.co.jp/enjoy/keizai/135.html
（日本政府は、上記各数字について、異議を申し立てていない。）

3　投票率；1992～2020年の間の平均賃金の推移（日、韓、米、英、独、仏）

(1)　一方で、2021年衆議院選挙の投票率は、**55.9**%であった[15]。

他方で、2022年韓国大統領選挙の投票率；2022年ブラジル大統領選の投票率は、それぞれ**77.1**%；**79.4**%であった[16]。

2021年衆院選の投票率・**55.9**%が、2022年韓国大統領選の投票率・**77.1**%；2022年ブラジル大統領選の投票率・**79.4%**比べて、いずれも、**20%強低い**のは、当該3か国の中で、日本だけが**非**人口比例選挙（ただし、衆院〈小選挙区〉で、1票格差・2.08倍）であることと関係していると解される。

日本では**非人口比例選挙であるため、日本国民の一部が、当該選挙で政権交代が起きる可能性は低いと見越して、投票所に足を運ばない**と合理的に推察し得る。

(2)　**ア**　1992～2020年の29年間の「平均賃金」（Average Wage）[17]の値の推

15）総務省ウェブサイト：https://www.soumu.go.jp/main_content/000255968.pdf 101頁参照

16）毎日新聞（web）2022/3/9 20：32配信：https://mainichi.jp/articles/20220309/k00/00m/030/361000c

17）「平均賃金（Average wage）」：

移は、下記**【表４】**のとおりである（OECDの公表データによる。日本はOECDの加盟国）。

【表４】

	1992年平均賃金（A）	2020年平均賃金（B）	1992年から2020年の推移（B ÷ A）×100%
日本	**37,483米ドル**	**38,515米ドル**	102.7%
韓国	23,796米ドル	41,960米ドル	176.3%
独国	42,562米ドル	53,745米ドル	126.2%
仏国	35,577米ドル	45,581米ドル	128.1%
英国	33,306米ドル	47,147米ドル	141.5%
米国	48,389米ドル	69,392米ドル	143.4%

イ(ア)　同**【表４】**の示すとおり、1992～2020年の29年間をみると、一方で、日本国のみ、「平均賃金」（Average Wage）[16)] の値は、同29年間で**2.7%増加**に留まっている。

他方で、**【表４】**の他の５か国のそれらは、いずれも、**右肩上がり**の値（例えば、同29年間で26.2%増加〈独国〉～76.3%増加〈韓国〉）である（上記**Ⅱ５**〈本書13～14頁〉参照）。

日本の「平均賃金」の値（2.7%増加）は、同５か国のそれらと比べて、**際立って劣後**している。

日本国民が、過去29年間、誠実に努力を重ね、勤労した結果が、該29年間の実績（2.7%増加）である。

「平均賃金は、国民経済計算に基づく賃金総額を、経済全体の平均雇用者数で割り、全雇用者の週平均労働時間に対するフルタイム雇用者１人当たりの週平均労働時間の割合を掛けることで得られます。この指標は、2020年を基準年とする米ドルと購買力平価（PPP）で表記されます。」（ただし、OECD作成の定義）
出典：https://data.oecd.org/earnwage/average-wages.htm

(イ) 今後の29年間を予測するとして、日本国民は、「平均賃金」が同他の５か国並みの右肩上がりの値（例えば独国の26.2%増加）にするための有効な方策を容易に見出し得ないであろう。けだし、過去29年間に亘って、愚直に努力しても、日本国民は、尽に、有効な方策を見つけられなかったからである。

(ウ) 1992～2020年の29年の中、**非**人口比例選挙の下で、自民党主導の政権が約24年間存続し、非自民党連立政権（ただし、1993/8～1994/4〈細川政権〉；1994/4～1994/6〈羽田政権〉；2009/9～2012/12〈民主党政権〉）は約５年間であった。

向こう29年間を予測するに、**非**人口比例選挙が続く限り、自民党主導の政党が、過去24年間と同様、与党（ただし、連立を含む）であり続けるであろう。

自民党主導の与党政権は、向こう29年間も、基本的には、過去29年間行ったと同様の政策を繰り返すであろうと合理的に予測される。

そうすると、日本は、向こう29年間も、過去29年間と同様のフラットな一人当り平均賃金を繰り返す深刻なリスクが生じるであろう。

(エ) 1992～2020年の29年間の一人当たり平均賃金の推移が、日本のみ、韓、米、英、仏、独の５か国と比べて右肩上がりで上昇していないことは、日本が**非**人口比例選挙であるため、【①与党（連立与党を含む）所属の国会議員が、全人口の過半数（50.1%超）からの得票により選出されることが、保障されていないこと；②そのため、与党政権が、**主権者の過半数の意見で政権交代することが**、**保障されない**こと】と無関係である、とは言い切れない。

(3) 議院内閣制であっても、**人口比例選挙**であれば、【全国民の50%超（過半数）が、人口比例選挙での投票により、（与党〈連立を含む〉所属の）国会議員を通じて、各院での過半数決で、内閣総理大臣（すなわち、**行政権の唯一人の執行者**）を選出すること】が保障される。

すなわち、日本でも、もし仮に人口比例選挙になれば、主権を有する全国民の50%超（過半数）が、（与党〈連立を含む〉所属の）国会議員を通じて、**行政権の唯一人の執行者**（内閣総理大臣）を選出するので、【日本が、主権を有する全有効投票者の過半数（50%超）からの得票が**行政権の唯一人の執行者**を決定するという点では、韓国に劣後すること】にはならない。

Ⅷ　令和２年大法廷判決（参）の「違法判断の基準時」の判断基準の不当な変更：（本書53〜58頁）

１　令和２年大法廷判決（参）は、[1]「**僅かであるが較差を是正**していることおよび[2]立法府において較差の**更なる是正の方向性**が維持されていることを考慮して、『該選挙は、違憲状態ではない』旨判決した。

しかしながら、令和２年大法廷判決（参）の「違法判断の基準時」の判断は、昭和51年大法廷判決（衆）の「違法判断の基準時」の判断（判例）（下記**２**〈本書53頁〉）と矛盾する。

２　昭和51年大法廷判決（衆）の「違法判断の基準時」の判断基準

⑴　「違法判断の基準時」の問題

昭和51年大法廷判決（衆）の対象となった昭和47年12月10日施行衆院選挙投票日においては、同判決日より前に**成立**した**昭和50年改正法**により、計算の上では、一票の最大格差は、１対4.83から１対2.92に縮小していた。

ただし、昭和50年改正法は、昭和51年大法廷判決（衆）の該選挙の投票日（昭和47年12月10日）の時点では、**未施行**であったので、実際の昭和47年12月10日施行衆院選挙は、選挙投票日現在**１票格差・最大4.99倍**であった。

⑵　昭和51年大法廷判決（衆）は、（選挙投票日〈すなわち、「違法判断の基準時」〉において、**未施行**の昭和50年改正法を考慮しないという）「違法判断の基準時」の判断に基づき、『該昭和47年12月10日施行衆院選は、違法である』旨判示した。

３　令和２年大法廷判決（参）の「違法判断の基準時」の判断基準

ところが、令和２年大法廷判決（参）は、[1]「**僅かであるが較差を是正**していることおよび[2]立法府において較差の更なる是正の方向性が維持されていることを考慮して、『当該選挙は、違憲状態ではない』旨判示した。該判示は、上記**2(2)**（本書53頁）記載の「昭和51年大法廷判決（衆）の「違法判断の基準時」の判断」に矛盾する。

4 【「違法判断の基準時」の法律論】（本書54〜56頁）

(1) 【本件訴訟物】

本件裁判の訴訟物は、【本件選挙投票日（すなわち、「**違法判断の基準時**」）の時点での、本件選挙の選挙区割りが、憲法の一票の投票価値の平等の要求に反することを理由とする、本件選挙（令和４年７月10日施行参院選（選挙区））無効の請求】である。

(2) 【「違法判断の基準時」の問題】

ここで、選挙の違法性をどの時点で判断すべきか、が問題となる。

「これを違法判断の基準時の問題という」（塩野宏『行政法Ⅱ〔第５版補訂版〕』）有斐閣2013年200頁参照）。

【取消訴訟における「違法判断の基準時」が、処分時であること】は、判例、多数説である（塩野宏『行政法Ⅱ』〔第５版補訂版〕200〜201頁、**最判昭27.1.25**民集６巻１号22頁、行政判例百選Ⅱ200事例〈多賀谷一照執筆〉、**最判昭28.10.30行裁例集４巻10号2316頁**、高作正博「判例評論」判例時報2265号136頁、高田敏編『新版行政法』有斐閣294頁）（ただし、少数説の一つとして、判決時説（田中二郎東京大学教授〈当時〉、雄川一郎東京大学教授〈当時〉）が存在する）。

「選挙または当選の効力に関する訴訟」については、処分時説（判例、多数説）も、判決時説も、ともに、「違法判断の基準時」は、処分時としており、この点で争いはない。

すなわち、本件裁判で言えば、【本件選挙の「**違法判断の基準時**」が、処分時たる本件選挙投票日であること】に争いはない、と解される（高作正博教授「最新判例批評」判例時報2265号（判例評論680号）136頁参照）。

本件裁判は、**【本件選挙投票日（＝「違法判断の基準時」）の時点**での選挙区割りが、[1]憲法56条２項；[2]１条および前文第１項第１文後段；[3]前文第１項第１文前段の人口比例選挙の要求に反することを理由として、選挙無効の判決を求めるものである。

したがって、本件選挙投票日以降の立法府における較差の更なる是正の方向性の維持は、本件選挙当日の時点での投票価値の不均衡を些かも**是正**するものではないので、本件選挙の投票日現在（＝「違法判断の基準時」）の選挙区割りが違憲か否か（または違法か否か）を判断するに当って、考慮すべき考慮要素に、なりようがない。

該議論は、法律論として、**争う余地のない、当り前の議論**である。

⑶ 【論理否定の法理】

ア 令和２年大法廷判決（参）は、

[1]【投票価値の最大較差が、僅かであるが、１対3.08から１対3.00に縮小したこと】とおよび

[2]【立法府において較差の更なる是正の方向性が維持されていること】

の２つの事情を総合的に考慮して、

『令和元年参院選（選挙区）は、違憲状態ではない』旨判示した。

すなわち、令和２年大法廷判決（参）の当該判示は、『当該選挙の投票日（＝「違法判断の基準時」）での該選挙の選挙区割りが、違憲状態か否か』の判断（すなわち、違法性の判断）に当って、[1]「**僅かであるが較差が是正されている**ことおよび[2]立法府において較差の**更なる是正の方向性が維持されている**ことを総合的に考慮して「当該選挙は違憲状態ではない」と判示するものである。

イ 本件選挙日より後に実施される選挙の選挙区割りの投票価値の較差

の是正は、そもそも、選挙投票日の時点（＝「**違法判断の基準時**」）での選挙区割りの投票価値の最大較差の縮小に毫も寄与し得ない。

冷静に考えてみれば、令和２年大法廷判決（参）の上記**ア**の判示は、法論理として成り立ちようのない、**全くの論理否定**の判断である。

令和２年大法廷判決（参）の、「違法判断の基準時」の法理（上記**(2)**〈本書54～55頁〉参照）を無視したうえでの、「当該選挙は違憲状態ではない」との判示は、法論理として、**破綻**している。

最高裁判所大法廷は、「違法判断の基準時」の判断について、**昭和51年大法廷判決（衆）の「違法判断の基準時」の判断（判例）に拘束され**、かつ令和２年大法廷判決（参）の同判示に**拘束されない**、と解される。

5　令和２年大法廷判決（参）による、【最大判昭51.4.14の「違法判断の基準時」の判断（判例）の不当な変更】：（本書56～58頁）

(1)　上記**２**（本書53頁）記載のとおり、**最大判昭51.4.14（衆）**（民集30巻３号223頁）は、

『昭和47年12月10日施行・衆院選（１票の較差（最大）・「約１対4.99」）は、「違法」である』旨判決した。

ただし、昭和51年大法廷判決（衆）（最大判昭51.4.14）以前の昭和50年改正法により、１票格差は、１対4.83から１対2.92に縮小していた（昭和58年大法廷判決（衆）民集37巻９号1264頁）（ただし、昭和50年改正法の下での選挙区割りの選挙は、選挙投票日（昭和47.12.10）の時点では、**未施行**であった）。

すなわち、昭和51年大法廷判決（衆）は、（該選挙投票日の時点で、**未施行**の昭和50年改正法を考慮しないという）「違法判断の基準時」の判断に基づき、『該選挙は、違法である』旨判断した。

(2)　憲法判例の中の先例として拘束力を持つ部分は、「憲法判決の中の」

「法律などの**合憲・違憲の結論**それ自体ではなく、**その結論**に至る上で**直接必要とされる憲法規範的理由づけ**である」（強調　引用者）（佐藤幸治『憲法〔第３版〕』青林書院、2003年27頁参照）。

(3)　昭和51年大法廷判決（衆）は、（選挙投票日を「違法判断の基準時」とし、〈「違法判断の基準時」（すなわち、選挙投票日）で**未施行**〉の）昭和50年改正法の成立を考慮しないという）「違法判断の基準時」の判断により、『昭47.12.10衆院選挙は違法である』旨判断した。

したがって、昭和51年大法廷判決（衆）の該選挙投票日についての「違法判断の基準時」についての該判断は、上記**(2)**の「法律などの**合憲・違憲の結論**それ自体ではなく、**その結論**に至る上で**直接必要とされる憲法規範的理由づけ**」に該当し、先例として拘束力を有する判断の部分である、と解される。

(4)　令和２年大法廷判決（参）は、昭和51年大法廷判決（衆）の「違法判断の基準時」の判断に矛盾して、上記**３**（本書53～54頁）および上記**４(3)ア**（本書55頁）記載のとおり、1「僅かであるが較差を是正していることおよび2立法府において較差の更なる是正の方向性が維持されていることを考慮して、『当該選挙は、違憲状態ではない』旨判示した。

(5)　令和２年大法廷判決（参）は、昭和51年大法廷判決（衆）の「違法判断の基準時」の判断に矛盾して、『選挙投票日において該選挙が違憲状態でない』旨判断するに当たって、

1**【**(〈該選挙投票日（＝違法判断の基準時）で**未施行**の〉昭和50年改正法の成立を考慮しない）昭和51年大法廷判決（衆）の**「違法判断の基準時」の判断を変更すること】を明示しておらず**、かつ

2昭和51年大法廷判決（衆）の「違法判断の基準時」の**判断が誤っていたことを認めた上で**、該判断（判例）を変更することを必要とする、**真に説得力を有する理由**を記述していない（上記**(2)**　下記**IX３～４**〈本書60～61頁〉参照）。

(6)　上記(5)に示す理由により、令和２年大法廷判決（参）の選挙投票日についての「違法判断の基準時」の判断は、昭和51年大法廷判決（衆）の選挙投票日についての「違法判断の基準時」の判断（判例）の**不当な変更**である。

Ⅸ　先例の拘束力と判例の変更の要件：（本書59～61頁）

1　判例は、下級審裁判所および最高裁判所（ただし、大法廷、小法廷を問わない）に対して、先例として拘束力を有する[18)19)]。

18）**君塚正臣**横浜国立大学教授「判例の拘束力」横浜法学第24巻第１号（2015年）91頁は、

「先例拘束力とは、法の支配や平等などの要請をもって、当該判決が後のまさに当該裁判所を拘束することに意味がある以上、**原理的に最上級審と下級審とで議論を区別するべきではない**。[61)]」（強調　引用者）

61）**田中英夫**『英米法研究１－法形成過程』７頁（東京大学出版会、1987年）

と記述する。

19）**高橋一修**法政大学教授「先例拘束性と憲法判例の変更」（芦部信喜編『講座　憲法訴訟（第３巻）』142頁有斐閣、1987年）は、

「英米法においても、**先例法理の内容は**、簡単には①**上級審は自らの先例に拘束される**、②下級審は上級審の先例に拘束されると説明される[(7)]が、**②は①を前提として初めて意味をもつのであるから、先例拘束性の核心は前者にあると考えるべきである**。このことを意識することは、樋口教授が指摘するごとく、「**先例法理を最上級審自身が少なくともなんらかの形で意識してきた社会**では、下級審が先例法理に敬意を払いつつもその射程を限定することによって当該事件の適切妥当な判断を導き出す、というゆき方のもちうる積極的意味が理解されやすいのに対し、自分自身ははじめからどんな意味でも先例に拘束されない、という前提から出発するところでは、そのような理解は求めがたくなる[(8)]」という傾向を「抑止する課題」にとり組むためにも必要と思われる。」（強調　引用者）

(1)　田中和夫・英米法概説（再訂版）125、198～201頁（1986年）。

(6)　**樋口陽一**「判例の拘束力・考」佐藤功古稀・日本国憲法の理論678～79頁（1986）。

(7)　田中・前出注(1)156頁。

(8)　樋口・前出注(6)679頁。

と記述する。

2　先例の拘束力の問題で対象となる憲法判例は、1回の判決で足り、反復性は要件とされない[20]。

米国でも、1回の判決で憲法判例とされる[21]。

3　憲法判例の中の先例として拘束力をもつのは、**「憲法判決中の」「法律などの合憲・違憲の結論それ自体ではなく、その結論に至る上で直接必要とされる憲法規範的理由づけ**である。」[22]。

20）**中野次雄**前早稲田大学客員教授・元大阪高等裁判所長官　中野次雄編『判例とその読み方』（有斐閣、1991年）8頁。

佐藤幸治京都大学名誉教授『現代国家と司法権』（有斐閣、1988年）354頁注⑵参照。

向井久了帝京大学教授「155「判例の法源性」（ジュリスト増刊、2008）338頁は、

「判例の法源性（先例拘束性）を問題とする場合，「判例」および「法源」の意義について触れておく必要がある。判例は，必ずしも明確に定義されているわけではないが，①個別の判決例の意味，②反覆された同旨の判決の意味（「例」のうちに反覆性の意味をこめるものである），③判決の基礎とされた一般法理の意味，④「念のため」に付加された「なお」書き判示などの意味で用いられている（芦部信喜『憲法講義ノートⅠ』［1986］62頁参照）。先例拘束性の原理において問題となる「判例」は，主として裁判の準則との関係において問題とされるのであるから，③の意味での用法であり，**反覆性は要件とされない**。」（強調　引用者）

と記述する。

21）**樋口陽一**東京大学名誉教授「判例の拘束力・考」芦部・清水編『日本国憲法の理論』（有斐閣、1986年）692～693頁は、

「その点は、一方で英米につき、「裁判所が同旨の判決を繰り返した場合……に限って拘束力を認めるという考え方は、とらない。**その点についての唯一の判決でも、判例としての尊重をうける」とされ**(27)、他方でフランスでは、反対に、「個別の一箇の判決」の問題でなく「一連の諸判決」の問題が「判例」の問題なのだ、という区別が比較的はっきりと意識されている(28)のとくらべて、大きなちがいである。」（強調　引用者）

(27)　田中英夫『英米法総論・下』前出、475頁。

(28)　この点につき、拙稿「憲法学の対象としての『憲法』――フランスの場合を素材として――」『法学協会百周年記念論文集』第二巻（1983年、有斐閣）247頁。

と記述する。

22）**佐藤幸治**京都大学名誉教授『憲法〔第三版〕』27頁（青林書院、2003年）は、憲法判例について、

「そもそも判例が**法源性**を有するか否かについては議論の存するところである

4　判例の変更に際しては、裁判所は、判決文の中に、①**『判例を変更する』旨明示**し且つ②判例（先例）が誤っていたことを認めた上で、その判例（先例）を変更する、**真に説得力をもつ理由**を記述しなければならない[23]（芦部信喜東京大学名誉教授「合憲限定解釈と判例変更の限界」ジュリストNo. 536 1973.6 53～54頁　参照）。

が、既に示唆したように、憲法判例を含めて**積極に**解さるべきであり（わが国の現行法上、憲法判例は、民事・刑事・行政の各具体的事件の解決に必要な限りにおいてなされる、憲法典に関する解釈にかかわる判例として成立する）、最高裁判所の憲法判決は先例拘束性をもつと解される。それは、日本国憲法の定める司法権がアメリカ流のものと解されるということのほかに、基本的には**同種の事件は同じように扱わなければならない**という**公正の観念**によるものであり、日本国憲法の解釈論的にいえば、憲法14条の法の下の平等原則、32条の裁判をうける権利（ここでの裁判は当然に公正な裁判の意でなければならない）、および憲法31条の定める罪刑法定主義に根拠する。但し、その場合、**先例として拘束力**をもつのは、**憲法判決中の ratio decidendi の部分**であって、法律などの合憲・違憲の結論それ自体ではなく、**その結論に至る上で直接必要とされる憲法規範的理由づけ**である点が留意さるべきである。」（強調　引用者）

と記述する。

23）**佐藤幸治**京都大学名誉教授は、佐藤幸治『憲法訴訟と司法権』286頁（日本評論社、1984年）で、

「その変更（すなわち、判例変更　引用者注）に際しては、先例に適正な配慮を払いつつもなお**その変更を必要とする理由が示されなければならない**」（強調　引用者）

と記述する。

X　事情判決の法理は、天使の法理である：（本書62～70頁）

【要約】

A　昭和60年大法廷判決（衆）の事情判決の法理は、

①提訴された選挙は、全選挙区の中の一つの選挙区の選挙のみであり、かつ

②比例代表選挙は存在しなかった、

という**2つの事情**の下で、**利益の比較衡量**（すなわち、①選挙が無効とされないことによる選挙人らの選挙権の制限の不利益と②選挙が無効とされることにより生じる不都合との間の利益衡量）により、違憲の選挙を無効でない旨判決した法理である（ただし、昭和51年大法廷判決（衆）の事情判決の法理も同旨）。

よって、昭和60年大法廷判決（衆）の原告らからみると、該法理は、当時、いわば**悪魔の法理**であったであろう。

B　しかしながら、本件裁判では、昭和60年大法廷判決（衆）の事案と比べて、

[1] **定足数（憲法56条1項）を満たす**、比例代表選挙選出の参議院議員（100人）が存在し、かつ

[2] 全45選挙区のそれぞれで、各原告が提訴した、

という**2つの新事情**がある。

C　該2つの**新事情**の下では、参院選（選挙区）全体につき違憲無効判決が言渡されても、定足数を満たす比例代表選挙（ただし、全国1ブロックの人口比例選挙）により選出された比例代表議員（100人）が存在するので（憲法56条1項、公職選挙法4条2項）、参院は、適法に国会の活動を行い得る。

よって、本件選挙が全45選挙区で選挙無効とされても、「**憲法の所期**」（昭和51年大法廷判決（衆）民集30巻3号250頁　参照）しない社会的不都合は、一切生じない。

すなわち、該**2つの新事情**の下では、昭和51年大法廷判決（衆）；昭和60年大法廷判決（衆）の場合と異なって、**逆に、**事情判決の法理にしたがって、利益の**比較衡量**をすると、選挙が無効とされることにより生じ得る不都合が存在しない以上、最高裁判所は、『本件選挙は、憲法98条１項後段により無効である』旨判決する憲法76条３項および99条に基づく義務を負う。

よって、昭和51年大法廷判決（衆）および昭和60年大法廷判決（衆）の事情判決の法理は、本件選挙の該**2つの新事情**の下では、悪魔の法理とは**真逆**の、**天使の法理**として、**100％機能する**。

1　**【昭和51年大法廷判決（衆）／事情判決】：**（本書63～64頁）

昭和51年大法廷判決（衆）は、民集30巻３号252～254頁で、

「　しかしながら、他面、右の場合においても、選挙無効の判決によつて得られる結果は、当該選挙区の選出議員がいなくなるというだけであつて、真に憲法に適合する選挙が実現するためには、公選法自体の改正にまたなければならないことに変わりはなく、更に、全国の選挙について同様の訴訟が提起され選挙無効の判決によつてさきに指摘したのとほぼ同様の**不当な結果**を生ずることもありうるのである。また、**仮に一部の選挙区の選挙のみが無効とされるにとどまつた場合**でも、もともと同じ憲法違反の瑕疵を有する選挙について、そのあるものは**無効**とされ、他のものはそのまま**有効**として残り、しかも、右公選法の改正を含むその後の衆議院の活動が、選挙を無効とされた選挙区からの選出議員を得ることができないままの**異常な状態**の下で、行われざるをえないこととなるのであつて、このような結果は、憲法上決して望ましい姿ではなく、また、その**所期するところ**でもないというべきである。

（略）

そこで考えるのに、行政処分の適否を争う訴訟についての一般法である**行政事件訴訟法は、三一条一項前段**において、当該処分が違法で

あっても、これを取り消すことにより**公の利益に著しい障害を生ずる場合**においては、**諸般の事情に照らして**右処分を取り消すことが公共の福祉に適合しないと認められる限り、裁判所においてこれを取り消さないことができることを定めている。

（略）

しかしながら、本件のように、**選挙が憲法に違反する公選法に基づいて行われた**という**一般性をもつ瑕疵**を帯び、その是正が法律の改正なくしては不可能である場合については、単なる公選法違反の個別的瑕疵を帯びるにすぎず、かつ、直ちに再選挙を行うことが可能な場合についてされた前記の立法府の判断は、必ずしも拘束力を有するものとすべきではなく、前記行政事件訴訟法の規定に含まれる**法の基本原則の適用**により、選挙を無効とすることによる不当な結果を回避する裁判をする余地もありうるものと解するのが、相当である。**もとより、明文の規定がないのに安易にこのような法理を適用することは許されず、殊に憲法違反という重大な瑕疵を有する行為については、憲法九八条一項の法意に照らしても、一般にその効力を維持すべきものではない**が、しかし、このような行為についても、**高次の法的見地から、右の法理を適用すべき場合がないとはいいきれないのである。**」（強調引用者）

と判示する。

2 【昭和60年大法廷判決（衆）／事情判決】：（本書64～66頁）

(1) さらに、昭和60年大法廷判決（衆）は、民集39巻5号1123頁で、

「 たとえ当該訴訟において議員定数配分規定が違憲と判断される場合においても、これに基づく選挙を常に無効とすべきものではない。すなわち、違憲の議員定数配分規定によつて選挙人の基本的権利である選挙権が制約されているという不利益など当該選挙の効力を否定しないことによる**弊害**、右選挙を**無効とする判決**の結果、議員定数配分規定の改正が**当該選挙区から選出された議員が存在しない状態**で行われざるを得ないなど一時的にせよ憲法の予定しない事態が現出するこ

とによつてもたらされる**不都合、その他諸般の事情**を**総合考察**し、いわゆる**事情判決の制度**（行政事件訴訟法三一条一項）**の基礎に存するものと解すべき一般的な法の基本原則**を適用して、選挙を無効とする結果余儀なくされる不都合を回避することもあり得るものと解すべきである**（昭和五一年大法廷判決参照）**。」（強調　引用者）

と判示する。

(1)　そして、**4判事**（**寺田治郎最高裁長官**、**木下忠良判事**〈第二小法廷所属〉、**伊藤正己判事**〈第三小法廷所属〉、**矢口洪一判事**〈第一小法廷所属〉。ただし、寺田治郎最高裁長官は、最高裁を代表して；木下忠良判事も、事実上第二小法廷を代表して；伊藤正己判事も、事実上第三小法廷を代表して；矢口洪一判事も、事実上第一小法廷を代表して；下記補足意見により、国会に向けて最高裁判所裁判官・15人全員の『較差の是正がされることなく、選挙が実施される場合は、**無効判決**もありうる』旨の**警告**を発していると解される。）は、**補足意見**として、同1125～1126頁で、

「　二　**昭和五八年大法廷判決（違憲状態判決** 引用者注**）**は、昭和五五年六月施行の衆議院議員選挙当時投票価値の較差が憲法の選挙権の平等の要求に反するものであることを肯定しながら、いまだその是正のための**合理的期間**が経過したものとはいえないとして、議員定数配分規定を憲法に違反するものと断定することはできないと判断したが、右投票価値の較差が憲法の選挙権の平等の要求に反する程度に至つていたことを重視し、議員定数配分規定はできる限り速やかに改正されることが望まれる旨を付言した。それにもかかわらず、**その後現在まで右改正は実現していない。**そして、右規定の是正のための合理的期間が既に経過していることは、多数意見、反対意見を通じて異論のないところであり、また、本判決の是認する原判決の違法宣言の実質が**違憲宣言**であることを併せ考えると、右是正の急務であることは、昭和五八年大法廷判決当時の比ではない。一日も早く右の是正措置が講ぜられるべきものであることを強調せざるを得ない。

三　ところで、右是正措置が講ぜられることなく、現行議員定数配分規定のままで施行された場合における選挙の効力については、**多数**

> **意見で指摘する諸般の事情を総合考察して判断される**ことになるから、**その効力を否定せざるを得ないこともあり得る。**その場合、判決確定により当該選挙を直ちに無効とすることが相当でないとみられるときは、**選挙を無効とするがその効果は一定期間経過後に始めて発生する**という内容の判決をすることも、できないわけのものではない。」（強調　引用者）

と記述する。

3 【比較衡量（具体的な検討）】：（本書66～70頁）

【本件選挙では、全45選挙区で原告が提訴しているので、全45選挙区選挙が無効となる】

(1) 参院選は、選挙区選出選挙と比例代表選出選挙が併存し、衆院選も、小選挙区選出選挙と比例代表選出選挙が併存する。

一方で、参院選においては、比例代表選出議員の定数（100人）（公職選挙法4条2項）は、参院議員の定数（248人）（同法同条同項）の1／3を超えている。

他方で、衆院選においても、比例代表選出議員の定数（176人）（同法同条1項）は、衆院議員の定数（465人）（同法同条同項）の1／3を超えている。

よって、参院選（選挙区）が、全45選挙区において、違憲無効となった場合でも、比例代表選出参院議員（100人）が参院の**定足数**（83人）（憲法56条1項）を満たすので、参院は、100％有効に「国会の活動」を継続し得る。

同じく、衆院選（小選挙区）が、全小選挙区において、違憲無効となった場合でも、比例代表選出衆院議員（176人）が衆院の**定足数**（155人）（憲法56条1項）を満たすので、衆院は、100％有効に、「国会の活動」を継続し得る。

上記の通り、本件選挙が違憲無効とされても、比例代表選出議員が存在するため、「**憲法の所期**[24]するところに必ずしも適合しない結果を生じる」（強調　引用者）（昭和51年大法廷判決（衆）・民集30巻３号251頁参照）という事情が存在しない（すなわち、社会的不都合または混乱が生じない）。

よって、**昭和60年大法廷判決（衆）および昭和51年大法廷判決（衆）の事情判決の法理（判例）に従い**、各利益の**比較衡量**により、本件選挙は、憲法98条１項により、「その効力を有しない」、すなわち、違憲無効である、と解される。

なお、本件裁判では、上告人（原審原告）らが、**全45選挙区で提訴**しているので[25]、最高裁が違憲無効判決を言渡す場合は、全45選挙区の各選挙が違憲無効となる。したがって、本件裁判では、提訴された選挙区が千葉１区のみであった、昭和51年大法廷判決（衆）の場合のような、千葉１区の選挙のみが無効となり、未提訴の他の選挙区の選挙全てが有効であるという、いわゆる凸凹現象という不都合は生じない。

【選挙無効判決により、国会議員の身分が失われても、「憲法の所期」しない事態は生じない】

⑵　憲法54条に基づき、衆議院は、解散される。**衆議院議員**が任期途中で解散により**身分喪失**することは、「憲法の所期」（昭和51年大法廷判決（衆）民衆30巻３号250頁）するところであり、解散は、社会的不都合または混乱に該当しない。また、参議院においても、選挙違憲無効判決により、全半数改選参院議員（選挙区）が身分を喪失したとしても、比例代表選出参院議員および該選挙日からみて残余の半数改選参院議員（ただし、比例代表）（ただし、憲法56条１項の定足数を満たす）が存在するので、社会的不都合または混乱は生じない。

24）昭和51年大法廷判決（衆）民衆30巻３号250頁。

25）産経新聞（web 版）「「一票の格差」一斉提訴　最大3.03倍、前回からやや拡大」2022/7/11 21：13 https://www.sankei.com/article/20220711-J4R44N4445JJ3CTQMEOFIY6KNU/?outputType=theme_election2022　参照。

【選挙無効判決により、内閣総理大臣が身分を喪失しても、「憲法の所期」しない混乱は生じない】

(3) 「違憲無効」判決の言渡しにより、選挙が無効とされ、内閣総理大臣が地位を失うと、社会的不都合または混乱が生じるか否かの問題を以下検討する。

憲法70条は、そもそも、何らかの事由により、内閣総理大臣が地位を失う場合があり得ることを予定する規定である。「違憲無効」判決による内閣総理大臣の地位の喪失は、**憲法70条の予定の範囲内**のことであって、それによって、社会的不都合または混乱は生じることはない。

国会議員たる内閣総理大臣が「選挙違憲無効」判決によって国会議員の地位を喪失した時は、憲法70条にしたがって、内閣は総辞職をしなければならない。この場合、憲法71条にしたがって、内閣は、新たに内閣総理大臣が任命されるまで、暫定内閣として、引き続きその職務を行う。

以上のとおり、選挙が「違憲無効」判決によって無効とされても、それは憲法が予定する範囲内でのことである。「違憲無効」判決の言渡し時に、内閣総理大臣がその地位を喪失しても、内閣が総辞職し（憲法70条）、内閣が、新たに内閣総理大臣が任命されるまで、引き続きその職務を行う（憲法71条）ので、「憲法の所期」（昭和51年大法廷判決（衆）民衆30巻3号250頁）しない、社会的不都合または混乱は生じない。

【将来効】

(4) 昭和51年大法廷判決（衆）民集30巻3号251頁は、

「　次に問題となるのは、現行法上選挙を**将来に向かって形成的に無効**とする訴訟として認められている**公選法二〇四条**の選挙の効力に関する訴訟において、判決によつて当該選挙を無効とする（同法二〇五条一項）ことの可否である。この訴訟による場合には、選挙無効の判決があつても、これによつては**当該特定の選挙が将来に向かつて失効する**だけで、他の選挙の効力には影響がないから、前記のように選挙を当然に無効とする場合のような不都合な結果は、必ずしも生じない。」（強調　引用者）

と判示し、【公選法204条に基づく選挙無効請求訴訟の選挙無効判決の効力は、遡求せず、将来に向かって選挙を無効にするものであること】を明言している。

したがって、この点でも、社会的不都合または混乱は生じない。

【「国会の活動の正統性」を有しないこと】

(5) （令和元年参院選（選挙区）を、1「僅かであるが格差を是正していることおよび2立法府において較差の更なる是正の方向性が維持されていること総合的に考慮して、『違憲状態ではない』旨判示する）令和２年大法廷判決（参）は、投票日以降、選挙が憲法の投票価値の平等の要求に合致する日の直前までの期間、

【「投票価値の不均衡の是正」未達の選挙で当選した、**「国会の活動の正統性」を有しない**国会議員が、国会の決議で、立法を行い、かつ行政権を司る内閣総理大臣を指名するという、『**「憲法の所期」（昭和51年大法廷判決（衆）民集30巻３号250頁）しない、国家権力の違法行使**』】

を**容認**するものである。

これを主権を有する国民の側から見れば、

投票日以降、選挙が憲法の投票価値の平等の要求に合致する日の直前までの期間、「主権」を有する国民が、

1（「投票価値の不均衡の是正」未達の選挙により当選した**国会の活動の正統性」を有しない**国会議員を含む）国会の議決で成立した法律に拘束され（上記**Ⅲ１**〈本書16～17頁〉参照）、かつ

2（「投票価値の不均衡の是正」未達の選挙により当選した**「国会の活動の正統性」を有しない**国会議員を含む）国会の決議で指名された「内閣総理大臣」の行政権執行の対象となる（上記**Ⅲ１**〈本書16～17頁〉参照）。

これは、主権を有する国民にとって、**筆舌に尽くし難い**、**苦難**（すなわち、不当な利益侵害または不当な権利侵害）である。

さらに言えば、【「国会の活動の正統性」を有しない国会議員を含む国会が、該**苦難**を「主権」を有する国民に押し付けること】は、**憲法前文第１項第２文**（「そもそも**国政は国民の厳粛な信託**によるものであって、…その福利は**国民がこれを享受する**」）および**１条（「主権の存する日本国民」）**の各明文が示す、【「主権の存する日本国民」の利益が、「主権」を有する国民の「国会における代表者」にすぎない、国会議員の資格で「主権」を有しない国会議員の既得の利益に優越するという、**徹底した、主権を有する国民の利益優先の憲法規範**】に**反する**。

Ⅺ　合理的期間論：合理的期間論と憲法98条１項（本書71〜72頁）

１　平成26年大法廷判決（参）は、

「　参議院議員の選挙における投票価値の較差の問題について、当裁判所大法廷は、**これまで、**①当該定数配分規定の下での選挙区間における投票価値の不均衡が、違憲の問題が生ずる程度の著しい不平等状態に至っているか否か、**②上記の状態に至っている場合に、**当該選挙までの期間内にその是正がされなかったことが国会の裁量権の限界を超えるとして当該定数配分規定が憲法に違反するに至っているか否かといった**判断の枠組み**を前提として審査を行ってきており、」（強調　引用者）

と判示する（民集68巻９号1376頁）。

ここで、投票価値の較差に関する『二段階の判断枠組み』の中の②段階の審査における判断基準を「合理的期間論」という。

２(1)　平成26年大法廷判決（参）の採用する「合理的期間論」は、**「憲法判決中の」「法律などの合憲・違憲の結論それ自体ではなく、その結論に至る上で直接必要とされる憲法規範的理由づけ**である。**」**（本書60〜61頁）（**佐藤幸治**京都大学名誉教授『憲法〔第三版〕』27頁〈青林書院、2003年〉）に該当するので、先例としての拘束力をもつ**判例**である（上記Ⅸ、３〈本書60〜61頁〉参照）。

判例は、憲法98条１項の「その（すなわち、「憲法の」引用者　注）条規に反する法律、命令、詔勅および**国務に関するその他の行為の**全部または一部は、その効力を有しない。」（強調　引用者）の中の**「国務に関するその他の行為」**に該当する。

(2)　当該選挙は、**違法判断の基準時**たる選挙投票日の時点で、当該選挙の区割規定の下での選挙区間における投票価値の不均衡が、違憲の問題が生ずる程度の著しい不平等状態に至っていたので、憲法98条１項の「その（すなわち、「憲法の」引用者　注）条規に反する法律、命令、詔勅および国務に関するその他の行為の全部または一部は、**その効力を有しない**」（強調　引用者）の定めにより、違憲無効である。

(3)　上記**1**および**2**（本書71～72頁）記載の、先例として拘束力を有する**判例**（ただし、上記**IX**、**1**～**3**〈本書59～61頁〉参照）たる「合理的期間論」の第②段階は、『憲法の投票価値の平等の要求に反する状態の選挙または区割り規定は、憲法違反とはいえない』旨判断するものであるから、憲法98条１項（ただし、「その（「憲法の」引用者　注）条規に反する法律、命令、詔勅および国務に関するその他の行為の全部または一部は、**その効力を有しない。**」（強調　引用者））の明文に**正面から抵触**する。

よって、平成26年大法廷判決（参）の合理的期間論（上記１〈本書71頁〉参照）は、憲法98条１項の「その（「憲法の」引用者　注）条規に反する法律、命令、詔勅および国務に関するその他の行為の全部または一部は、その効力を有しない」の定めにより、**「その効力を有しない」**、すなわち、無効である。

XII　立証責任は、国にある：（本書73～76頁）

【要約】
【一票の投票価値の平等（人口比例選挙）からの乖離に合理性があること】の立証責任は、国にある。

1　米国連邦最高裁判決（Karcher v. Daggett 462 U.S. 725 1983）[26]は、

米国連邦下院議員選挙のニュージャージー State（国。ただし、一般に、州と和訳されている。）での選挙区割りにつき、

『　①投票価値の平等は、絶対ではない。
②選挙区割りが、投票価値の平等（＝人口比例選挙）から乖離している場合は、**選挙管理委員会が、「その乖離に合理性があること」の立証責任を負う**』旨

明言し、State（州）の選挙管理委員会（被告）が、同立証責任を果たしていないとして、原告（選挙人）勝訴の判決を言渡した。

この米国連邦最高裁判決（Karcher v. Daggett 462 U.S. 725 1983）において、原告（選挙人）勝訴を決したのは、立証責任の論点であった。

筆者は、**米国連邦最高裁判決**（Karcher v. Daggett 462 U.S. 725 1983）の立証責任についての判断を支持する。

26）Karcher v. Daggett, 462 U.S. 725（1983）米国連邦最高裁は、1983年6月22日、米国連邦下院議員選挙に関し、1票対0.9930票の選挙権価値の不平等（ニュージャージー State の第4区の人口：527,472人〈最大〉；同 State の第6区の人口：523,798人〈最小〉。両選挙区の**人口差：3,674人**（=527,472人－523,798人）。）を定めるニュージャージー State 選挙法を違憲とした。米国連邦最高裁は、区割り法を争う選挙人は、まず最初に、【該当の選挙区間の人口較差が、均一な人口の選挙区にしようとする誠実な努力によって、減少若しくは排除可能であったこと】の立証責任を負い、「選挙人」がこの立証責任を果たせば、次に、State が、選挙区間の有意の人口較差は、適法な目標を達成するために必要であったことの立証責任を負う旨判示した。

2　他方で、昭和51年大法廷判決（衆）、および爾後の各大法廷判決は、選挙管理委員会が立証責任を負うか否かの論点について、**沈黙している**。

3　下記の３高裁は、下記**【一覧表１】**の中の**(1)**〜**(3)**（本書74〜75頁）に示すとおり、当該選挙区割規定の投票価値の平等からの乖離につき、国が立証責任を負うことを認め、「違憲違法」判決または「違憲状態」判決を言渡した（ただし、いずれも、筆者ら全国弁護士グループの提訴の裁判）。

【一覧表１】

高裁判決	判決の内容	国の負担する主張立証責任の内容
(1)平成25.3.18福岡高判（衆）（西謙二裁判長）[a]	「違憲状態」判決（ただし、「人口比例選挙」判決）	【投票価値の不平等という結果が生じている本件選挙区割規定の合理性】の主張立証責任
(2)平成25.3.6東京高判（衆）（難波孝一裁判長）[b]	「違憲違法」判決（ただし、「人口比例選挙」判決）	【投票価値の不平等が生じている本件選挙区割規定が、国会の合理的な考量の結果であること】の主張立証責任
(3)平成25.3.26大阪高判（衆）（小松一雄裁判長）[c]	「違憲違法」判決	【本件選挙区割規定の合憲性】の主張立証責任

a)（「違憲状態」）平成25年３月18日／福岡高判（衆）／平成24年（行ケ）３号（西謙二裁判長）**D1-Law.com 判例 ID28220627**。

福岡高判平成25.3.18（西謙二裁判長）は、

「そして，上記のとおり，選挙制度の仕組みのうち定数配分及び選挙区割りを決定するについて，議員１人当たりの選挙人数又は人口ができる限り平等に保たれることを最も重要かつ基本的な基準とすることが憲法上の要請であることからすれば，選挙制度の具体的な仕組みにおいて投票価値の不平等の結果が生じている場合には，被告において，上記仕組みの決定において考慮された政策目的ないしは理由が投票価値の不平等という結果をもたらしていることに対して合理性を有することを基礎付ける事実を主張立証しなければならないものというべきである。」（強調　引用者）

と記述する。

すなわち、同判決は、【投票価値の不平等という結果が生じている本件選挙区割規定の合理性】の主張・立証責任は、国が負担する、と解している。

b)(「違憲違法」)平成25年3月6日／東京高判（衆）／平成24年（行ケ）21号　(難波孝一裁判長）D1-Law.com 判例 ID28210796 判例時報2184号3頁判例タイムズ1389号80頁。

東京高判平成25.3.6（難波孝一裁判長）は、

「もっとも、この裁量権の行使は、国会がこれを付与された趣旨に照らして合理的なものでなければならない。投票価値の平等は憲法の要求するところであるから、常にその絶対的な形における実現を必要とするものではないとしても、単に国会の裁量権の行使の際における考慮事項の一つであるにとどまるものではない。したがって、国会が決定する具体的な選挙制度において現実に投票価値の不平等の結果が生じる場合には、国会が正当に考慮することのできる重要な政策的目的ないしは理由に基づく結果として合理的に是認することができるものでなければならず、かかる合理性を基礎付ける事実は、被告において主張立証しなければならないと解するのが相当である。」(強調　引用者)

と記述する。

すなわち、同判決は、【投票価値の不平等が生じている本件選挙区割規定が国会の合理的な考量の結果であること】の主張立証責任は、国が負担する、と解している。

c）平成25年3月26日大阪高判（衆）／平成24年（行ケ1号等）／（小松一雄裁判長）

D1-Law.com 判例 ID28262505。

大阪高判平成25.3.26（小松一雄裁判長）は、

「本件選挙時における本件選挙区割規定の合憲性について検討するに、被告らは、この点について何らの主張立証をしない。」(強調　引用者)

と記述する。

すなわち、同判決は、【本件選挙区割規定の合憲性】の主張立証責任は、国が負担する、と解している。

4　芦部信喜東大教授は、「**人口比例の原則から離れることを正当化する理由の挙証責任は公権力の側にある**」と主張される（芦部信喜東大教授・京極純一東大教授『《対談》選挙をめぐる法理と条理』法律時報52巻6号12〜13頁）。

XIII 「国民の意思を適切に反映する選挙制度」：（本書77～78頁）

(1) 令和２年大法廷判決（参）は、

「**国民の意思を適正に反映する**選挙制度が民主政治の基盤であり、**参議院議員選挙については直ちに投票価値の平等の要請が後退してもよいと解すべき理由は見いだし難く**、前記(2)で述べた**憲法の趣旨**等との**調和の下に投票価値の平等が実現**されるべきことは平成29年大法廷判決等でも指摘されているのであるから、立法府においては、**今後も**不断に人口変動が生ずることが見込まれる中で、**較差の更なる是正**を図るとともに、これを再び拡大させずに持続していくために必要となる方策等について議論し、取組を進めることが求められている」（強調引用者）

と判示する（民集74巻８号2126頁）。

(2) 「**国民の意思**を適切に反映する選挙制度」とは、【**全有効投票者からの過半数の得票**を、憲法56条２項の「両議院の議事」の**「出席議員の過半数」決**に反映する選挙制度】を意味すると解される。

けだし、「両議院の議事」が、原則として、**「出席議員の過半数」決**で決定される以上、【**主権を有する全有効投票者の過半数（50％超過）の得票**が、**正当に選挙された**国会議員の**過半数（50％超過）**を通じて、**間接的に**、「両議院の議事」の**「出席議員の過半数」（50％超過）**の**決議**に反映されること】が必須だからである（憲法56条２項；１条および前文第１項第１文後段；前文第１項第１文前段　参照）。

(3) 国は、『地方有権者の意思が適切に国政に反映されるために現状の１票格差（ただし、本件選挙では、格差3.03倍）は合理的である』旨主張する。

国の該主張は、平成23年大法廷判決（衆）の

「地域性に係る問題のために、殊更に**ある地域（都道府県）の選挙人**

と**他の地域（都道府県）の選挙人**との間に投票価値の不平等を生じさせるだけの**合理性があるとはいい難い。**」（強調引用者）（民集65巻2号779頁）

の判示と**矛盾する**。

(4) 平成23年大法廷判決（衆）の該判示は、爾後の各大法廷判決（衆）（参）のいずれによっても、【1 判例変更された旨記述し、かつ 2 【該判示が誤っていたこと】を認めた上での、真に説得力のある理由を付しての、**判例変更】がなされていない**（**IX 3～4**〈本書60～61頁〉参照）。

よって、平成23年大法廷判決（衆）の該判示は、現在も、判例として維持されている。

(5) 国は、『地方の声を国会に届けるために、衆院選（小選挙区）および参院選（選挙区）のいずれについても、現状の程度の1票格差（2021年衆院選〈小選挙区〉では、2.08倍；本件選挙では、3.03倍）は、憲法上許容され得る』旨主張する。

しかしながら、国の主張のとおり、地方の声を国会に届けるために1票格差を是認すると、上記**IV**（本書20～21頁）で述べたとおり、現状の国会議員主権国家が維持され、国民主権国家が成立しないことになる。

かかる国の主張は、憲法1条および前文第1項第1文後段；憲法56条2項、前文第1項第1文前段に違反する（上記**IV**〈本書20～21頁〉参照）。

ただし、本件選挙で格差3倍を超えた選挙区は、神奈川県選挙区（3.03倍）、**宮城県選挙区（3.025倍）**および東京都選挙区（3.066倍）であることから（総務省資料：https://www.soumu.go.jp/senkyo/senkyo_s/data/meibo/meibo_R04.html）、1票格差が地方利益のためであるとの議論は、事実にも基づかないものであることを付言する。

XIV　米国連邦の各States（国/州）は、日本の都道府県とは異なるものである：（本書79～81頁）

1　日本は、連邦（Federal）ではなく、単一国（State）である。

下記①～④記載のState（国）の属性と都道府県の属性が異なることが示すとおり、日本の都道府県は、State（国）ではなく、State（国）の中の行政区画の一つでしかない。

① 米国連邦の各Stateは、立法権を有し、各Stateが憲法、民法、刑法、会社法、税法、相続法等の諸法を立法している。

他方で、都道府県は、本格的な立法権を有していない。

② 米国連邦の各Stateは、本格的な課税権を有している。

他方で、都道府県では、本格的な課税権を有していない。

③ 米国連邦の各Stateには、State最高裁判所、State高等裁判所、State地方裁判所がある。

他方で、都道府県は、都道府県独自の裁判所を有していない。

④ 米国連邦の各Stateは、各Stateの軍を有し、Governor／知事が各Stateの軍の長を介し、各Stateの軍を指揮・命令する。

他方、都道府県は、その軍隊を有していない。

したがって、日本の国政選挙の選挙区割りに対応する米国の選挙区割りは、各State議会議員選挙の選挙区割りまたは各Stateにおける米国連邦下院議員選挙の選挙区割りである。

2　憲法56条2項；1条および前文第1項第1文後段；前文第1項第1文前段は、人口比例選挙を要求しているところ（上記**I 1～2**〈1～8頁〉参照）、本件選挙では、本件選挙当日の議員1人当り有権者数の格差（最大）は、1対3.03倍であった。すなわち、本件選挙は、人口比例選挙（1人1票等価選挙）ではない。

米国の各Stateが、人口比例の連邦下院議員選挙を実施している事実に照らして、日本でも、人口比例選挙の実施は、技術的にみて、実務上合理的に可能である、と解される。

3　(1)　米国の連邦上院議員選挙では、投票価値の最大格差は66倍（小数点以下四捨五入　2010年米国国勢調査）であるから[27]、日本の参院選では、投票価値の最大格差は、ある程度許容され得るという議論がある。

しかしながら、この議論は、米国連邦憲法第1章第3条(1)項[28]が、各Stateは、2名の米国連邦上院議員を選出する旨定めていることを見落とすものであり、的外れの議論である。

各Stateは、米国連邦に参加する時点で、各Stateが上院議員・2名を選出することを合意して、米国連邦に参加しているのである。そもそも、【各Stateが2名の上院議員を選出する権利を有すること】が、各Stateの米国連邦参加の前提である。

(2)　都道府県は、江戸時代の藩を源流とするものであり、国政選挙の選挙区割りを実施するに当たり、都道府県間の現在の境界は、尊重されなければならない、という議論がある。

しかしながら、この議論は、『大成武鑑』（1792〈寛政4〉年）によれば、全藩数は、当時256藩（親藩12藩；譜代大名144藩；外様大名100藩）であり（日本大百科全書、小学館）、明治4（1871）年に、廃藩置県の詔勅が下され、

27）カリフォルニアStateの人口＝37,253,956人（2010年米国国勢調査）
ワイオミングStateの人口＝563,626人（同上）
米国連邦上院選挙の両State間の上院議員1人当りの最大人口較差　66.1倍（＝37,253,956人÷563,626人）。

28）米国連邦憲法第1章第3条
［第1項］合衆国上院は、各州から2名ずつ選出される上院議員でこれを組織する。上院議員は、【各州の立法部によって】［修正第17条により改正］、6年を任期として選出されるものとする。上院議員は、それぞれ1票の投票権を有する。

Article 1 Section 3 paragraph 1: The Senate of the United States shall be composed of two Senators from each State, chosen by the Legislature thereof, for six Years; and each Senator shall have one Vote.

統廃合され、1888（明治23）年に、府県制・町村制公布により、47都道府県に成った、という各藩の歴史から乖離した議論である。

XV　芦部信喜東大教授、京極純一東大教授の各発言：（本書82～88頁）

１　⑴　芦部信喜東大教授・京極純一東大教授『《対談》選挙をめぐる法理と条理』（法律時報52巻６号14頁）は、下記（本書82～83頁）のとおり、記述する。

「　●参議院地方区定数配分問題

芦部　定数問題ではもう一つ、参議院の地方区議員定数配分問題があるわけですが、これについては、先ほどお話ししましたとおり、定数配分を立法政策の問題だとした三九年判決が判例としてずっと今日まで維持されてきております。ただ、五四年になりまして、高裁の判決ですけれども、五一年の衆議院の定数配分の違憲判決を踏まえて、今度は参議院の特殊性ということを強調して合憲判決を下した二つのケースがあります。

一つは大阪高裁の五四年二月二八日の判決、もう一つは東京高裁の五四年六月一三日の判決で、参議院の特殊性を強調している点では同じなのですが、東京高裁判決のほうは、現段階では違憲と断じえないというように、現段階ではという限定を付した表現を用いる点が大阪高裁判決と違います。

それから、いわゆる逆転現象という、人口数の多い選挙区の議員定数が、人口数の少ない選挙区の議員定数より少なくなっているという現象がありますね。たとえば神奈川県の選挙区の有権者数四四五万人に対して二人の定数しか配分されていないのに、福岡県は三〇四万人で三人、北海道は三七一万人で四人の配分がされているという逆転現象があるわけですが、その点に関する検討もかなり詳細に東京高裁判決が行なっているという点で、二つの判決は若干の違いがあります。しかしいずれも参議院の特殊性として、いわゆる半数改選制ということと、それから参議院は都道府県の地域代表的性格を持っているということを挙げております。

こういう二つの理由だけで、先ほどの人口比例の原則を、衆議院と大きく違ったかたちで考えていいかどうかという問題が一つ、定数配分問題にあるわけですけれども、その点はいかがでしょうか。

京極　「毎日新聞」（一九八〇・三・一〇）に書いたのですが参議院の地方区も、**衆議院と同じように、人口比例**で定数配分しなければならないと考えています。
芦部　特殊性のほうは？
京極　法的安定性を考えると、違憲判決をそう簡単には、ということでしょうね。
芦部　**私もだいたい同じような考え方ですが、**ただ、このように**地域代表的性格というのをあまり強調するのは**……。
京極　選挙された国民の代表と憲法に書いてあるでしょう。
芦部　そうです。**憲法四三条に、「全国民を代表する」**と書いてあるんですね。
京極　**それは参議院でも衆議院でも同じでしょう。**
芦部　**同じです。だから参議院の地域代表性というのをあまり強調するのは、問題ですね。**
京極　**よくない。間違いです。**」

(2)　上記（本書82〜83頁）に示すとおり、芦部信喜東大教授、京極純一東大教授は、それぞれ、

「**京極**　「毎日新聞」（一九八〇・三・一〇）に書いたのですが参議院の地方区も、**衆議院と同じように、人口比例**で定数配分しなければならないと考えています。
芦部　特殊性のほうは？
京極　法的安定性を考えると、違憲判決をそう簡単には、という

ことでしょうね。
芦部　私もだいたい同じような考え方ですが、ただ、このように**地域代表的性格というのをあまり強調するのは……。**
京極　選挙された国民の代表と憲法に書いてあるでしょう。
芦部　そうです。**憲法四三条に、「全国民を代表する」**と書いてあるんですね。
京極　それは参議院でも衆議院でも同じでしょう。
芦部　同じです。だから参議院の地域代表性というのをあまり強調するのは、問題ですね。
京極　よくない。間違いです。」（強調　引用者）

と発言している。

2(1)　さらに、同対談で、芦部教授は、下記**(2)**（本書84～87頁）のとおり、衆院選の１票格差問題についての、京極教授の

「**芦部説**の場合、**最大限度が二倍**ということでしょう。**できれば一対一が一番いいということですね。**」

との質問に対し、

「**もちろんできればそれが一番望ましいわけです。**」

と回答されていることを付言する（法律時報52巻６号12～13頁）。

(2)　芦部信喜東大教授・京極純一東大教授『《対談》選挙をめぐる法理と条理』（法律時報52巻６号12～13頁）は、下記のとおり記述する。
「（**芦部**（引用者））　私は、前の対談のときにもちょっと触れたのです

が、次のように考えています。

第一に、少なくとも議員一人当たりの人口の最高選挙区と最低選挙区の投票価値に約二対一以上の格差があってはならないということ。

それから**第二に、**非人口的要素はいかに考慮に値するとはいえ、原則として二対一以上の格差を正当化することはできないということ。**第三に、人口比例の原則から離れることを正当化する理由**の**挙証責任は公権力の側にある**ということ。これは裁判上の問題ですが、こういう三つの点を主張してきたわけです。

これには若干の反対がありまして、第一は、二対一以上よりもっと厳しくしろという意見があります。これは定数不均衡訴訟を三九年の事件以来推進してきた**越山弁護士**が、先ほどの**昭和五三年九月一三日の東京高裁判決の事件の原告側、準備書面**で初めて明らかにした意見で、それまでは二対一の基準をとっていたのですが、これを改めたいとして、次のようにいっています。

「一対一の平等を達成しようとする誠実な努力にもかかわらず、人口偏差を生ずることが不可避である場合、またはその偏差について正当性が証明された場合にのみ、その人口偏差は許され得る」ということで、**一対一の原則を非常に強調している**のです。それはどういうわけかというと、「限りなく一対一に近づけようとする努力」に代えて、もし二対一の基準をとりますと、いかにすれば二対一の基準内の議員定数配分が可能となるかを追求する努力を生む結果を生ずるというわけです。そうすると、**「限りなく一対一に近づける」**立法努力が放棄される恐れがあるから、二対一の基準説は改める必要がある、というのが越山弁護士の主張された意見です。

もちろん二対一の基準よりも緩やかにという考え方もあるわけで、それは判例の考え方であることは、先ほど議論したとおりであります。

また、二対一の基準を一応原則にしながら、しかし、それだけではなしに、たとえば議員一人当たりの平均人口数から上下何%かという点も考慮する、つまり全国平均値からどの程度の偏差があるかという点も考慮する、という意見も前からあります。

先ほどの自民党選挙制度調査会が五三年に出したと伝えられた見解でも、「議員一人あたりの人口の偏りを見るには、最大と最小のケースを対比すべきではなく、全国平均値と対比せよ」といっております。これは五三年九月の二つの高裁判決のなかでも、一つの判決がとった考え方でありますし、五一年の違憲判決の際にも、少数意見でそういう全国平均値からの偏差と考えるべきだという意見があります。

このように、違憲判断の基準についてはいろいろの考え方があるわけで、数値化することがそもそも必要か、それとも望ましいか、という問題から、仮に数値化する場合でも、二対一というような大ざっぱな基準で考えるか、それとももう少しいろいろな要件を加味して考えるか、という問題に至るまで、いろいろの問題があるわけです。

私は先ほど一応二対一の基準を申しましたけれども、もちろんそれに尽きるというのではなく、平均値から上下何％かという要件も加味して、総合的に考えたほうがいいと思うのです。

しかし、一番の問題は投票価値の平等とか選挙の平等というのは**極めて形式化された平等**だということだ、と思うのです。したがって、**人口数に比例すること自体に高度の民主的な価値があると考えるものですから、**一票の重みが特別の合理的な根拠もなしに、選挙区間で二倍以上の開きがあるのはやはり**一人一票の原則**の趣旨を押し広げて考えると、平等原則上問題があるのではないかと考えます。ですから、ある程度計数的な基準をはっきりさせておくことが必要だし、望ましいように思うのです。

その点を、先ほどの点とも関連しますけれども、どう考えたらいいかということですが。

京極　**芦部説**の場合、**最大限度が二倍**ということでしょう。**できれば一対一が一番いいということですね。**

芦部　**もちろんできればそれが一番望ましいわけです。**

京極　二倍という最大限度を出すと、議員は、一対二になっていればもういいではないか、そこへ物差しを移してしまう恐れがある、これが越山説でしょう。

芦部　そうです。

京極　もっともな心配です。人間のやり方を考えると、そうなる恐れは大きいですね。

　私は始めにちょっとお話したように、一・四、四捨五入して一、これが上限だろうと思います。一・五になったら、四捨五入して二、つまり半人前になって、違い過ぎる。数値で上限の物差しを立てるなら、一対一・四までですね。

それにしても、一対五になったらいくらなんでもひど過ぎる、という世間常識がある、そういう感じですね。」（強調　引用者）

3　本件選挙の１票格差は、3.03倍である。

　同１票格差3.03倍は、2021年衆院選（小選挙区）の１票格差・2.08倍より著しく大である。

　上記**1**～**2**（本書82～87頁）の芦部教授の発言に照らせば、本件選挙は、“違憲”である。

　ただし、筆者は、統治論**(1)**（主権者・過半数決論）および統治論**(2)**（議員／国民・１票等価値論）に基づいて、『憲法は、人口比例選挙を要求している』と考える。よって、筆者は、芦部教授の２倍説を支持しない。

4　**(1)**　芦部教授は、上記**2**（本書84～87頁）で、「**人口数に比例すること自体に高度の民主的な価値があると考える**」と述べながら、それと矛盾する２倍説を、当該矛盾を克服する根拠を示すことなく、主張される。

　さらに、芦部教授は、京極教授との間で、

「**京極**　**芦部説**の場合、**最大限度が二倍**ということでしょう。**できれば一対一が一番いいということですね。**

芦部　**もちろんできればそれが一番望ましいわけです。**」

と述べている。

　これに加えて、上記**2**（本書84～87頁）に示すとおり、芦部教授は、京極教授の1対1倍説に対して、反論されていないし、かつ越山弁護士の「**昭和五三年九月一三日の東京高裁判決の事件の原告側、準備書面**」記載の1対1倍説に対しても、反論されていない。

(2) 以上のとおり、芦部教授の2倍説について言えば、芦部教授は、最高裁が衆院選の1票格差約5倍～3倍を許容していた1970年代～1980年代に、憲法上の根拠を示すことなく、いわば匙加減で「2倍」という数字を主張されたにすぎず（同芦部・京極『《対談》選挙をめぐる法理と条理』13～14頁[29]参照）、憲法上の明確な根拠に基づいて「2倍」という数字を主張されているとは、解し難い。

29）芦部・京極『《対談》選挙をめぐる法理と条理』（法律時報52巻6号）13～14頁は、下記の芦部教授の発言を記述する。

「（**芦部**　引用者注）ただ、投票価値の平等は憲法上保障されているのだといっておきながら、五一年判決のように非人口的要素を広範に認めてしまって、しかも基準もかなり一般的・抽象的なものだとしますと、下級審が判決するときに非常に混乱が生ずると思うのですよ。さきほどの東京高裁判決のように、同じ選挙における同じ定数配分を違憲といったり、合憲といったりするようなかたちになってしまう事態が起こるものですから、裁判所が介入することを認める以上、違憲判断の基準として計数的な基準があったほうがいいのではないか。そうすると、一対一・四というようなあまり厳格なかたちで考えると、裁判所が動かなくなる恐れがあるので、**現在の一対四とか一対五とか、現状があまりにも不均衡状態にあってひどいものですから、現状を前提にして考えると、少なくとも一対二の範囲内で直せというようにやったほうが、**さきほど問題にした定数増をあまり伴わないかたちでの再配分を、**裁判所が介入して実現していくうえで一番プラクティカルな運用ができるのではないか、と考えるのです。**」（強調　引用者）

XVI　米国連邦の全 States で、1964年米国連邦最高裁 Reynolds 判決・1本で人口比例選挙が実現した：（本書89～91頁）

1　1964年米国連邦最高裁 Reynolds v. Sims 判決（または Reynolds 判決）

米国連邦最高裁判所判決・Reynolds v. Sims 377 U.S. 533（1964）を下記(1)～(2)のとおり、抄訳する。

(1)　米国連邦最高裁判所判決・Reynolds v. Sims 377 U.S. 533（1964）6/81頁　16～17行目：

「The complaint stated that the Alabama Legislature was composed of a Senate of 35 members and a House of Representatives of 106 members.」

（和訳）「訴状は、アラバマ州議会は、35名の上院議員と106名の下院議員から構成されていたと述べた。」

(2)　同上11/81頁　9～19行目：

「Population variance ratios of up to about **41-to-1** existed in the Senate, and up to about **16-to-1** in the House. Bullock County, with a population of only 13,462, and Henry County, with a population of only 15,286, each were allocated two seats

Page 377 U. S. 546

in the Alabama House, whereas Mobile County, with a population of 314,301, was given only three seats, and Jefferson County, with 634,864 people, had only seven representatives. [Footnote 12] With respect to senatorial apportionment, since the pertinent Alabama constitutional provisions had been consistently construed as prohibiting the giving of more than one Senate seat to any one county, [Footnote 13] Jefferson County, with over 600,000 people, was given only one senator, as was Lowndes County, with a 1960 population of only 15,417, and Wilcox County, with only 18,739 people. [Footnote 14]」

（和訳）「人口の差異は、**上院では、41対１**であり、**下院では、16対１**である。人口13.462人のブロック・カウンティ（郡）および人口15.286人のヘンリー・カウンティ（郡）は、それぞれアラバマ State 下院で、２議席を有する。

（アメリカ連邦最高裁判所判例集377巻564頁）

他方で、人口31万4301人のモービル・カウンティ（郡）は、３議席を有し、人口63万4864人のジェファーソン・カウンティ（郡）は、７議席を有する〔脚注12〕。

上院の定数については、アラバマ State の憲法の関係する条文は、いずれのカウンティ（郡）も、１議席より多い議席を有しないと定めている、と解され〔脚注13〕、人口60万人超のジェファーソン・カウンティ（郡）は、1960年の調査での、人口１万5417人のラウンズ（郡）および人口１万8739人〔脚注14〕のウィルコックス・カウンティ（郡）と同様に、１議席のみ有する。」

2　1964年米国連邦最高裁 Reynolds 判決１本により、全 States で、人口比例選挙が実現した。

(1)　上記**1(2)**記載の原文の１～２行目および和訳の１行目に示すとおり、アラバマ State（国/州）の State 議会上院選挙では、投票価値の最大格差は、**41対１**であり、 アラバマ State（国/州）の State 議会下院選挙では、投票価値の最大格差は、**16対１**である。

(2) アラバマState（国/州）で、State議会**上院選挙で41対1**、同**下院選挙で16対1**の投票価値の最大格差があったところ、1964年、米国連邦最高裁判所は、Reynolds v. Sims判決で、「Again, people, not land or trees or pastures, vote.（和訳：「繰り返すが、土地や木や牧草地ではなく、人が投票する。」）」と述べ、『憲法は一人一票の人口比例選挙を要求する』旨判決した。

この1964年米連邦最高裁Reynolds v. Sims判決**1本**により、米国連邦の全Statesで、各Stateの内の、State議会議員選挙および米国連邦下院議会議員選挙は、人口比例選挙（一人一票）となった。

米国連邦建国（1776年）から188年後の1964年に、米国連邦では、アラバマState（州）議会上院選挙で**1対41**の投票価値の最大格差が存在した。

米国連邦の全States（州）のそれぞれで、各State内施行の、State議会議員選挙および米国連邦下院議会議員選挙が人口比例選挙（一人一票選挙）となったのは、この1964年米国連邦最高裁Reynolds v. Sims判決**1本**の**司法の力**である。

最高裁判所は、本件裁判で、憲法76条3項、99条、32条に基づき、違憲判断を示す判決を言渡す義務を負っている。

XVI　ロバーツ現米国連邦最高裁判所首席判事（Chief Justice）の言葉：（本書92〜93頁）

2018年10月16日、ロバーツ現第17代米国連邦最高裁判所首席判事（John G. Roberts, Jr., Chief Justice）は、ミネソタ大学ロースクールでの講演で、

『政治部門（複数）（すなわち、米国大統領と米国連邦議会 引用者注**）は、**
国民のために働く。
司法は、国民のために働くのではない。
司法は、憲法のために働く。』

旨明言された（下記講演録〈本書92〜93頁〉）参照）。

すなわち、ロバーツ米連邦最高裁首席判事は、【司法の目的は、国民の意見の尊重ではなく、憲法秩序の維持である】旨明言された。

該ロバーツ現米国連邦最高裁判所首席判事の言葉は、日本の全ての最高裁判所裁判官、高等裁判所裁判官、地方裁判所裁判官が耳を傾けてもおかしくない言葉であろう。

ロバーツ米国連邦最高裁首席判事講演録2018年10月16日（ミネソタ大ロースクール）

https://www.youtube.com/watch?v=9i3RwW0y_kE

書き起こし（抜粋）	（和訳）
Before I sit down with Professor Stein for the main event, I thought I would spend a moment or two touching upon the contentious event in Washington of recent weeks. I will not criticize **the political branches**. We do that often enough in our opinions. But what I would like to do briefly is to emphasize how **the judicial branch** is,	スタイン教授とのメインイベントの前に、ここ数週間のワシントンで議論となっている出来事について、少し触れたいと思います。 政治部門（複数）を批判するのではありません。 それは、判決意見のなかで十分に行っておりますので。（笑） 私は、ここで、簡単にですが、**司法部**

how it must be **very different**.	**門**が（**政治部門**（複数）と比べ 引用者注）どのように**非常に異なっているか**、どのように**非常に異なるべきか**、を強調しておきたいのです。
I have great respect for our public officials. **After all they speak for the people** and that commands a certain degree of humility from those of us in the judicial branch who do not.	私は公職に就いておられる方々に対し、大変な敬意の念を抱いております。 なにより、**彼らは国民のために働いています。**ですから、そうでない私ども司法部門の人間は、一定程度謙虚であることが求められます。
We do not speak for the people, but we speak for the Constitution.	**私どもは、国民のために働いていません。私どもは、憲法のために働いています。**
Our role is very clear. We are to interpret the Constitution and laws of the United States and ensure that the political branches act within them.	私どもの役割は非常に明確です。私どもは、合衆国憲法と連邦法を解釈し、政治部門（複数）がその枠内で行動することを保障することです。
That job obviously requires independence from the political branches.	そのためには、当然ながら、政治部門（複数）からの独立が必要です。
The story of Supreme Court would be very different without that sort of independence.	そのような独立がなかったら、最高裁判所の歩みは、非常に異なるものになったでしょう。
Without independence there is no Brown versus Board of Education.	（政治部門（複数）からの）独立がなければ、Brown 対教育委員会判決はなかったでしょう。
Without independence there is no West Virginia versus Barnette where the court held that the government could not compel schoolchildren to salute the flag.	（政治部門（複数）からの）独立がなければ、政府が生徒対し国旗に敬礼することを強制できないと判決したウェストバージニア州対バーネット判決はなかったでしょう。
And without independence there is no steel seizure case where the court held the President Truman was subject to the Constitution even in a time of war.	また、（政治部門（複数）からの）独立がなければ、鉄鋼接収裁判もなかったでしょう。この裁判で裁判所は、トルーマン大統領は、たとえ戦時下であっても、憲法に拘束されると判決しました。

（強調　引用者）

以上

資料

【2009～2023年の間の９の大法廷判決および135*の高裁判決の一覧表】

＊筆者ら全国弁護士グループの提訴に係る134の判決（衆）（参）と山口弁護士グループの提訴に係る１の判決（衆）の合計

本書では、令和２年大法廷判決ならびに2021衆院選以降の No.108～134 の高裁判決および令和５年最高裁大法廷判決結果を掲載する。

2020参院選以前の107個の高裁判決と７個の最高裁大法廷判決結果については、「統治論に基づく人口比例選挙訴訟」（日本評論社　2020）83～93 頁を参照されたい。

No.		判決日	裁判所	判断	裁判官
	最高裁 8	令２／11／18	最高裁 大法廷	是正要求 付合憲	大谷直人　池上政幸　小池裕 木澤克之　菅野博之　山口厚 戸倉三郎　林景一　宮崎裕子 深山卓也　三浦守　草野耕一 宇賀克也　林道晴　岡村和美 【意見】三浦守（１人１票基本原則） 【意見】草野耕一 【反対意見】林景一（一人一票原則） 【反対意見】宮崎裕子（違法宣言） 【反対意見】宇賀克也（較差なしがデフォルト・違憲宣言・違憲宣言判決に実効性がなければ無効判決もあり得る）

	【2021衆院選】高裁：**違憲状態(7)　是正要求付合憲(7)**				
108		令４／２／１	高松高裁	**違憲状態**	神山隆一　中田克之　長谷川利明
109		令４／２／２	東京高裁	是正要求 付合憲	三角比呂　作原れい子　品川英基
110		令４／２／３	大阪高裁	**違憲状態**	太田晃詳　住山真一郎　松川充康

111		令４／２／７	札幌高裁	**違憲状態**	長谷川恭弘　片山信　井出正弘
112		令４／２／８	仙台高裁	是正要求付合憲	石栗正子　畑一郎　吉岡あゆみ
113		令４／２／10	広島高裁岡山支部	是正要求付合憲	河田泰常　榎本康浩　渡邉健司
114		令４／２／15	仙台高裁秋田支部	**違憲状態**	見米正　吉田勝栄　綿貫義昌
115		令４／２／16	広島高裁松江支部	是正要求付合憲	久保田浩史　光野哲治　福嶋一訓
116		令４／２／16	福岡高裁宮崎支部	是正要求付合憲	高橋亮介　石山仁朗　新城博士
117		令４／２／16	名古屋高裁	**違憲状態**	永野圧彦　前田郁勝　真田尚美
118		令４／２／21	福岡高裁	**違憲状態**	岩坪朗彦　秋本昌彦　浅香幹子
119		令４／２／24	名古屋高裁金沢支部	是正要求付合憲	蓮井俊治　平野剛史　峯金容子
120		令４／２／24	福岡高裁那覇支部	違憲状態	谷口豊　下和弘　平山俊輔
121		令４／３／９	広島高裁	是正要求付合憲	横溝邦彦　梅本幸作　佐々木清一
	最高裁 9	令５／１／25	最高裁 大法廷	是正要求付合憲	戸倉三郎　山口厚　深山卓也 三浦守　草野耕一　宇賀克也 林道晴　岡村和美　長嶺安政 安浪亮介　渡邉惠理子　岡正晶 堺徹　今崎幸彦　尾島明 【反対意見】宇賀克也（較差なしがデフォルト）

	【2022参院選】高裁：**違憲違法(1)　違憲状態(7)　是正要求付合憲(6)**				
122		令４／10／14	大阪高裁	**違憲状態**	牧賢二　和久田斉　宮﨑朋紀
123		令４／10／18	東京高裁	**違憲状態**	渡部勇次　山口和宏　澤田久文
124		令４／10／25	名古屋高裁	是正要求付合憲	土田昭彦　西野光子　秋吉信彦

125		令4／10／26	広島高裁 松江支部	是正要求 付合憲	松谷佳樹　光野哲治　福嶋一訓
126		令4／10／27	札幌高裁	**違憲状態**	大竹優子　吉川昌寛　髙木健司
127		令4／10／31	高松高裁	是正要求 付合憲	濱口浩　大竹貴　磯尾俊明
128	人口比 例9	令4／11／01	仙台高裁	**違憲違法**	小林久起　鈴木桂子　山﨑克人
129		令4／11／02	福岡高裁 那覇支部	是正要求 付合憲	谷口豊　下和弘　吉賀朝哉
130		令4／11／04	福岡高裁 宮崎支部	**違憲状態**	高橋亮介　石山仁朗　新城博士
131		令4／11／08	広島高裁 岡山支部	是正要求 付合憲	河田泰常　木村哲彦　渡邉健司
132		令4／11／09	広島高裁	是正要求 付合憲	西井和徒　澤井真一　芝本昌征
133		令4／11／10	名古屋高 裁金沢支 部	**違憲状態**	吉田尚弘　加藤靖　平野剛史
134		令4／11／11	福岡高裁	**違憲状態**	久保田浩史　水野正則　穂苅学
135		令4／11／15	仙台高裁 秋田支部	**違憲状態**	見米正　吉田勝栄　綿貫義昌
	最高裁 10		最高裁 大法廷		

＊上記の全判決については、一人一票実現国民会議のホームページの「１人１票裁判とは？」（https://www.ippyo.org/topics/saiban.html）の中に、各選挙ごとの裁判の「原審判決はこちら」の表示があり、そこをクリックすると、各高裁判決結果の一覧表が表示される。その一覧表の中の各高裁判決部分をクリックすると、判決のPDFが表示される。

事項索引

法令索引

判例索引

人名索引

参考資料

『統治論に基づく人口比例選挙訴訟』(以下、統治論)、
『統治論に基づく人口比例選挙訴訟Ⅱ』(以下、統治論Ⅱ)、
『統治論に基づく人口比例選挙訴訟Ⅲ』(以下、統治論Ⅲ)、
『統治論に基づく人口比例選挙訴訟Ⅳ』(以下、統治論Ⅳ)
で引用・参照した判例・文献に関する、文献索引と裁判官索引。

文献索引

阿部泰隆	「議員定数配分規定違憲判決における訴訟法上の論点」ジュリスト1976.7.15（No.617）60頁			78	
新井　誠	「参議院議員定数不均衡訴訟上告審判決　最高裁平成24年10月17日判決」ジュリスト1453号８頁		97		
新井　誠	「参議院議員選挙区選挙の『一票の較差』判決に関する一考察」平成24年度重判解説８頁、法学研究87巻２号133頁		97		
新井　誠	「参政権保障の諸制度と司法権」判例時報2413・2414合併号（2018年）231～232頁		98, 102		
安念潤司	「いわゆる定数訴訟について（二）」成蹊法学25号88頁（1987年）	8			
安念潤司	「いわゆる定数訴訟について（四）」成蹊法学27号（1988年）168～169頁			49	
泉　徳治	『一歩前へ出る司法　泉徳治最高裁判事に聞く』日本評論社2017年186頁		49		
泉　徳治	『最高裁の「総合的衡量による合理性判断枠組み」の問題点』石川健治ら編『憲法訴訟の十字路』弘文堂2019年375頁		48		
市川正人	『基本講義　憲法』（新世社、2014年）242頁			84	
市川正人	「平成25年参議院議員選挙と『一票の較差』」平成26年度重要判例解説・ジュリスト2015年４月No.1479　9頁		44, 95, 101		
市原義孝	平成26年度最高裁判所判例解説68巻６号1598（146）頁		68, 102		
市原義孝	時の判例「公職選挙法14条、別表第３の参議院（選挙区選出）議員の議員定数配分規定の合憲性　最高裁平成26年11月26日大法廷判決」ジュリスト1476号66頁		96, 102		
伊藤　真	「参議院議員定数是正訴訟　最高裁判所大法廷2017.9.27判決」法学セミナー758号36頁（2018.3）日本評論社		94, 95, 101		
伊藤　真	「「１人１票」は、民主主義国家の基本」『清き0.6票は許せない！』（現代人文社、2010年）10～15頁	1, 8			

伊藤正己	「憲法判例の変更」公法研究第22号20～21頁（有斐閣、1960年）			25	
井上典之	「参議院定数訴訟における投票価値の平等――平成21年大法廷判決とその含意」ジュリスト No.1395 2010.3.1　37頁		65		
井上典之	「定数訴訟における投票価値の平等と最高裁の役割」論研ジュリスト Spring 2019 No.29　194～195頁			81	
今関源成	「参議院定数不均衡最高裁判決――最高裁2004年1月14日大法廷判決をめぐって」ジュリスト No. 1272（2004.7.15）96～97頁		63	82	
岩井伸晃	平成24年度最高裁判所判例解説67巻7号2067（267）～2068（268）頁		70, 98, 102		
岩井伸晃	時の判例「公職選挙法14条、別表第3の参議院（選挙区選出）議員の議員定数配分規定の合憲性　最高裁平成24年10月17日大法廷判決」ジュリスト1457号90頁		97, 102		
岩井伸晃	平成26年度最高裁判所判例解説68巻6号1598（146）頁		68, 102		
岩井伸晃	時の判例「公職選挙法14条、別表第3の参議院（選挙区選出）議員の議員定数配分規定の合憲性　最高裁平成26年11月26日大法廷判決」ジュリスト1476号66頁		96, 102		
岩間昭道	「参議院選挙区選挙の一票の最大較差・4.77倍を違憲状態とした事例――平成25年参議院議員定数訴訟大法廷判決」自治研究92巻5号145頁		95, 96, 102		
上田健介	「参議院議員定数配分規定の合憲性」新判例解説 Watch（Vo.12）35頁		97		
上田健介	「公職選挙法14条、別表第3の参議院（選挙区選出）議員の議員定数配分規定の合憲性　平成28年参議院議員選挙投票価値較差訴訟大法廷判決」判例時報2377号153頁（判例評論716号7）	41	99, 102		
浦部法穂	『憲法学6《統治機構の基本問題Ⅲ》』56～57頁（有斐閣、1977年）			33	
浦部法穂	『憲法学教室〔第3版〕』（日本評論社、2016年）551頁	8			

榎　透	「参議院議員定数配分規定の合憲性：2012最高裁判決」法学セミナー2013/02 No.697　128頁		61, 97, 102		
大竹昭裕	「参議院議員定数配分規定と投票価値の平等」平成24年大法廷判決 青森法政論叢14号173頁		97, 99, 102		
尾形　健	「衆院小選挙区選出議員の選挙区割りを定める公職選挙法13条１項、別表第１の規定の合憲性」判例時報2433号〈判例評論734号〉167頁		8, 15		
加藤隆佳	「平成29年７月10日執行の参議院選挙区選出議員選挙に係る定数訴訟の最高裁判決について」選挙時報67巻２号25頁		94, 95, 101		
上村考由	平成24年度最高裁判所判例解説67巻７号2067(267)～2068(268)頁		70, 98, 102		
上村考由	時の判例「公職選挙法14条、別表第３の参議院（選挙区選出）議員の議員定数配分規定の合憲性　最高裁平成24年10月17日大法廷判決」ジュリスト1457号90頁		97, 102		
上脇博之	「参議院選挙区選挙の最大較差5.13倍を違憲とはしなかった2006年最高裁大法廷判決」速報判例解説　憲法 No.１日本評論社12頁		66		
川岸令和	『注釈日本国憲法（2）』（有斐閣、2017年）204頁	8			
木下智史	「参議院定数配分規定の合憲性――最高裁平成18年10月４日大法廷判決」ジュリスト No.1332 2007.4.10　７頁		65		
君塚正臣	「判例評論」判例時報2296号150頁	8			
君塚正臣	「判例の拘束力」横浜法学第24巻第１号96頁（横浜法学会、2015年）			1, 35	59
君塚正臣	「参政権の制約と司法審査基準・合憲性判断テスト」横浜法学25巻１号（2016年９月）87頁		50		
君塚正臣	「事情判決の法理」横浜法学第25巻第２号（横浜法学会、2016年）30～31頁			77	
清宮四郎	『憲法Ⅰ』（有斐閣、1962年）93頁	2			
工藤達朗	「判例詳解　参議院議員選挙と投票価値の平等」論究ジュリスト４号（2012年）96頁	37	97, 102		

工藤達朗	「公職選挙法14条、別表第3の参議院（選挙区選出）議員の議員定数配分規定の合憲性」民商法雑誌［2018］【154-3-128〜130】520〜524頁	40, 46	26, 102		
工藤達朗	「衆議院議員選挙と投票価値の平等」判例時報2383号132、135頁	6, 36	29	53	
久保利英明	「わが国の将来を決する投票は厳格に1票の等価値が前提」『清き0.6票は許せない！』（現代人文社、2010年）6〜9頁	1, 8			
小林　武	「参議院議員定数の不均衡と司法審査の方法――最高裁第一小法廷昭和61年判決」南山法学10巻4号（1987年）159〜160頁		64		
齊藤　愛	「平成28年参議院議員選挙と投票価値の平等」法学教室2018／3号 No.450　46〜50頁	8, 41	29, 94, 95, 101		
斎藤一久	「平成25年参議院議員選挙無効訴訟」法学セミナー60巻2号110頁		95, 101		
斎藤一久	「衆議院小選挙区選出議員の選挙区規定の合憲性」新・判例解説Watch「憲法 No. 8（法セ vol.23 2018.10）42頁		8, 20		
阪本昌成	『憲法理論Ⅱ』（成文堂、1993年）292頁	8			
櫻井智幸	「4増4減改正後でもなお「違憲状態」と判断した参議院「一票の格差」平成26年判決」法学セミナー増刊　速報判例解説 vol.17（2015.10）15〜18頁		95, 101		
櫻井智幸	「参議院「一票の格差」「違憲状態」判決について」 甲南法学 '13 53-4-98(544)		39, 97, 102		
佐々木雅寿	「衆議院「投票価値の較差」判例の転換点」論究ジュリスト29号（2019年春）41〜42頁	36	31		
佐々木雅寿	「平成26年衆議院選挙と投票価値の平等」法学教室 July 2016 No. 430 127頁	37			
佐藤幸治	『憲法訴訟と司法権』（日本評論社、1986年）286頁			4, 22	61
佐藤幸治	『現代国家と司法権』（有斐閣、1988年）294〜295, 353〜354頁			2, 22, 76	60
佐藤幸治	『憲法〔第3版〕』（青林書院、2003年）27、479頁	8		3, 141, 142	57, 60, 71

佐藤　令	「諸外国における選挙区割りの見直し」国会図書館（政治議会課）調査と情報　第782号（2013.4.4）　3頁	7			13
塩野　宏	『行政法Ⅱ』〔第5版補訂版〕200～201頁		4, 5		54
宍戸常寿	「世界の潮　最高裁判決で拓かれた『一票の較差』の新局面」世界2011年6月号（岩波書店）24頁	8			
宍戸常寿	『一票の較差をめぐる「違憲審査のゲーム」』論究ジュリスト2012春48～49頁			79	
篠原永明	「平成24年衆議院議員選挙における選挙区割り規定の合憲性」法学論叢175書5号（京都大学法学会）125～126頁			50	
渋谷秀樹	『憲法〔第2版〕』（有斐閣、2013年）217、219頁	8	49		
高作正博	「公職選挙法14条、別表第3の参議院（選挙区選出）議員の議員定数配分規定の合憲性」判時2265号（判例評論680号6）136頁		4, 5, 9, 24, 95, 102	55, 83	54
多賀谷一照	「200　違法判断の基準時」行政判例百選Ⅱ　別冊ジュリスト（No. 182）410頁		4		54
高田　敏	『新版行政法』（有斐閣）294頁		4		54
高橋一修	「先例拘束性と憲法判例の変更」芦部信喜編『講座 憲法訴訟（第3巻）』173～176頁（有斐閣、1987年）			1, 28	59
高橋和之	『憲法〔第6版〕』（岩波書店、2016年）40頁	2			
高橋和之	『憲法〔第7版〕』（岩波書店、2019年）145頁	8			
高橋和之	『立法主義と日本国憲法〔第3版〕』（有斐閣、2013年）163頁		97, 99, 102		
高見勝利	「最高裁平成23年3月23日大法廷判決雑感」法曹時報64巻10号（2012年）2626頁	8			
武田芳樹	「0増5減の改正を経た衆議院小選挙区選出議員の選挙区割規定の合憲性」新・判例解説（法学セミナー）19号（2016年）22頁	36	6, 8, 18	55	
竹中治堅	『参議院とは何か1947～2010』〈中央公論新社2010〉319～326頁	14			24

多田一路	平成29年大法廷判決（参）「参議院議員選挙における一部合区後の定数配分規定の合憲性」新・判例解説 watch　憲法 No. 4（2018. 4）日本評論社22～23頁		45, 94, 101		
只野雅人	「参議院選挙区選挙と投票価値の平等」論究ジュリスト2018冬24号199～206頁		40, 94, 95, 101		
只野雅人	「議員定数不均衡と改正の合理的期間」憲法判例百選Ⅱ325頁			49	
千葉勝美	「判例時評　司法部の投げた球の重み－最大判平成29年９月27日のメッセージは？」法律時報89巻13号６頁	39, 42, 46	47, 94, 101	17, 88	
辻村みよ子	「参議院における議員定数不均衡」憲法判例百選Ⅱ〔第６版〕別冊ジュリスト218号332頁		97, 102		
辻村みよ子	『憲法〔第５版〕』（日本評論社、2016年）326、330頁	8	50, 102		
戸松秀典	『平等原則と司法審査』（有斐閣、1990年）325・326頁	8			
内藤光博	「154　議員定数不均衡と改正の合理的期間」判例百選Ⅱ〔第６版〕331頁			51	
長尾一紘	『日本国憲法〔第３版〕』（世界思想社、1998年）170頁	8	52		
中川登志男	「参議院の選挙制度に関する一考察」専修法研論集51号１頁、33-34頁（2012）		62		
中川登志男	「参議院選挙区選挙の一票の格差最大4.77倍を「違憲状態」とした事例——最高裁大法廷判決2014年11月26日」専修法研論集56号249頁		95, 101		
中野次雄	『判例とその読み方』（有斐閣1991年）８頁			2	60
中丸　隆	「最高裁判所判例解説　平29.9.27大法廷判決（民事関係）」法曹時報70巻８号2286頁、2297頁	43, 47		8	
中丸　隆	「時の判例　公職選挙法14条、別表第３の参議院（選挙区選出）議員の議員配分規定の合憲性　最高裁平成29年９月27日大法廷判決」ジュリスト1514号（2018.1）91頁	39	47, 94, 95, 101		

中村良隆	「書評升永英俊『統治論に基づく人口比例選挙訴訟』日本評論社、2020年」Web 日本評論 https://www.web-nippyo.jp/18405/		56		
野中俊彦	『憲法訴訟の原理と技術』（有斐閣、1995年）381～383頁			75	
長谷部恭男	『憲法〔第6版〕』（新世社、2014年）176頁	8			
長谷部恭男	『憲法〔第7版〕』（新世社、2018年）13頁、449～450頁	2, 45		27	
長谷部恭男	「投票価値の較差を理由とする選挙無効判決の帰結」法学教室 No. 380　2012年5月号40頁	54		68	
長谷部恭男	「（座談会）選挙制度と政党システムの未来」論究ジュリスト5号（2013年）20頁」		55		
畑　博行	「憲法判例の変更について」公法研究第37号57～58頁（有斐閣、1975年）			38	
原田一明	「衆議院定数不均衡大法廷判決」「最高裁平成30年12月19日大法廷判決」法学教室 Apr. 2019　131頁		32	57	
東川浩二	「アダムズ方式の導入と衆議院議員小選挙区選挙の区割りの合憲性」法学セミナー増刊　新・判例解説 WatchVol.25（日本評論社2019.10）11頁		8, 19		
樋口陽一	「判例の拘束力・考」芦部・清水編『日本国憲法の理論』（有斐閣1986年）692～693頁			2	60
樋口陽一	『憲法』〔第3版〕（創文社2007）216頁		53		
藤田宙靖	「『一票の格差訴訟』に関する覚書」法の支配171号87～89頁			69	
堀口悟郎	「平成28年参議院議員通常選挙における1票の較差」法学セミナー2018年1月号 No.756　96頁	41	38, 94, 101		
前硲大志	「公職選挙法14条1項、別表第3の合憲性－平成24年大法廷判決－」阪大法学63巻1号187頁		97, 99, 102		
牧野力也	「「一票の較差」の違憲審査基準に関する考察」筑波法政第54号（2013）70頁		60, 97, 102		
升永英俊	「人口比例選挙（その1）」法学セミナー2019/3　No.770（日本評論社、2019年）4頁	2			

升永英俊	「人口比例選挙（その２）」法学セミナー2019/4　No.771（日本評論社、2019年）52頁	2			
升永英俊	「人口比例選挙（その３）」法学セミナー2019/5　No.772（日本評論社、2019年）58頁, 59～60頁	2, 7			
升永英俊	『一人一票訴訟 上告理由書』（日本評論社、2015年）19頁	1, 8, 10			
升永英俊	『清き0.6票は許せない！』（現代人文社、2010年）36～116頁	1, 8			
升永英俊	平成30年３月13日付上告理由書（平成29年衆院選）升永ブログ URL：https://blg.hmasunaga.com/hmadmeqdd/wp-content/uploads/2018/10/b0813e57084a8f2986bb11f27ccc5362.pdf	10			
升永英俊	平成28年11月21日付上告理由書（平成28年参院選）升永ブログ URL：https://blg.hmasunaga.com/hmadmeqdd/wp-content/uploads/2016/12/20161214001.pdf	10			
升永英俊	「最高裁平成30年12月19日大法廷判決についての二大論点」判例時報2019年６月21日号 No.2403 130～132頁	62			
松井茂記	「憲法判例の法源性・先例拘束性と憲法判例の変更」樋口陽一編『講座・憲法学 第６巻 権力の分立(2)』221頁（日本評論社、1995年）			32	
松本和彦	「参議院議員定数不均衡訴訟　最高裁平成29年９月27日大法廷判決」法学教室2018年１月号 No. 448　123頁	41	37, 94, 95, 101		
松本哲治	「投票価値の平等と事前の救済」阪本昌成先生古稀記念論文集『自由の法理』（成文堂、2015年）417頁			87	
南野　森	「１票の格差――司法と政治の索敵」法学教室 No.427 Apr. 2016 13頁		55	86	
宮沢俊義	「八月革命と国民主権主義」『世界文化』第１巻第４号68頁（1946年５月）				1
向井久了	「155　判例の法源性」339頁（ジュリスト増刊　有斐閣、2008年）			2, 36	60
棟居快行	「平成28年参議院選挙と「一票の較差」」ジュリスト1518号９頁		33		

毛利　透	「憲法訴訟の実践と理論【第9回】——投票価値較差訴訟の現状と課題」判例時報2354号140、143頁	36, 40	94	47	
毛利　透	「公職選挙法14条、別表第3の参議院（選挙区選出）議員の議員定数配分規定の合憲性」民商142巻4・5号（2010年）462頁	37	11, 101		
毛利　透	『憲法訴訟の実践と理論』判例時報2408号208～210頁		11		
安西文雄	「158　一人別枠方式の合理性」憲法判例百選Ⅱ〔第6版〕339頁			54	
山岸敬子	「選挙無効訴訟・事情判決・間接強制」明治大学法科大学院論集19号66、68頁			85	
山本真敬	「第2章　終わらない事情——いつになれば無効になるのか？実際に無効となれば、どうなるのか？」大林啓吾ら編『憲法判例のエニグマ』）（成文堂、2018年）185頁			72	
山本真敬	「投票価値較差訴訟の諸論点」法律時報91巻5号（2019）15頁	37	35		
横尾日出雄	「参議院議員定数不均衡訴訟に関する最高裁の判断と参議院選挙制度改革について——最高裁平成29年9月27日大法廷判決と平成30年改正公職選挙法の憲法上の問題点」中京ロイヤー29号（2018年）57頁	41	39		
横山真通	「平成22年参議院議員通常選挙に係る定数訴訟最高裁大法廷判決」法律のひろば平成25年8月51頁		97, 99, 102		
吉川和宏	「平成22年7月に施行された参議院選挙区選出議員選挙の選挙区間の1対5.00の投票価値の不平等が、違憲の問題が生じる程度に達しているとされた事例」判例時報2187号（判例評論654号）152頁		59, 97, 102	84	
和田淳一郎	「一票の平等はどこまでもとめられなくてはいけないか」公共選択学会　横浜市立大学（2020.12.7）https://note.com/juniwada/n/naa6c7a7015b5				21
和田淳一郎	「衆議院議員の過半数を得るために必要な日本国民の人口～2020年国勢調査速報値による」https://note.com/juniwada/n/n127d29dee083（2021.10.25）				7

裁判官索引

江里口清雄	【昭和51（1976）.4.14大法廷判決（衆）】反対意見　民集30巻3号254～274頁、263～265頁	52		94, 117	
遠藤光男	【平成8（1996）.9.11大法廷判決（参）】反対意見　民集50巻8号2302～2303頁　追加反対意見2308～2312頁			100, 137	
遠藤光男	【平成10（1998）.9.2大法廷判決（参）】反対意見　民集52巻6号1385～1390頁	9		99, 136	
遠藤光男	【平成11（1999）.11.10大法廷判決（衆）】反対意見　民集53巻8号1473～1474頁			93, 109	
遠藤光男	【平成12（2000）.9.6大法廷判決（参）】反対意見　民集54巻7号2006～2010頁			99, 135	
大隅健一郎	【最大判昭和48.4.25（全農林警職法事件）】意見　刑集27巻4号547頁	32, 45, 77, 80			
大谷剛彦	【平成24（2012）.10.17大法廷判決（参）】民集66巻10号3368～3370頁	85	81		
大谷剛彦	【平成25（2013）.11.20大法廷判決（衆）】反対意見　民集67巻8号1535～1536頁	87		91, 104	
大谷剛彦	【平成26（2014）.11.26大法廷判決（参）】民集68巻9号1375頁	88	78	96	
大塚喜一郎	【昭和51（1976）.4.14大法廷判決（衆）】反対意見　民集30巻3号263～265頁	52		94, 117	
大野正男	【平成8（1996）.9.11大法廷判決（参）】反対意見　民集50巻8号2302～2303頁			100, 137	
大橋正春	【平成24（2012）.10.17大法廷判決（参）】反対意見　民集66巻10号3420～3428頁	54, 85		97, 126	
大橋正春	【平成25（2013）.11.20大法廷判決（衆）】反対意見　民集67巻8号1545頁	87		91, 105	
大橋正春	【平成26（2014）.11.26大法廷判決（参）】反対意見　民集68巻9号1389～1396頁	62, 88	77	ii, 65, 96, 124	ii, 16
大橋正春	【平成27（2015）.11.25大法廷判決（衆）】反対意見　民集69巻7号2081～2085頁	54, 89		91, 102	
岡原昌男	【昭和51（1976）.4.14大法廷判決（衆）】反対意見　民集30巻3号263～265頁	52		94, 117	

岡部喜代子	【平成26（2014）.11.26大法廷判決（参）】補足意見　民集68巻９号1383頁	62, 88		ii, 65, 96, 121	ii, 16
小川信雄	【最大判昭和48.4.25（全農林警職法事件）】意見　刑集27巻４号547頁	32, 45, 78, 80			
尾崎行信	【平成8（1996）.9.11大法廷判決（参）】反対意見　民集50巻８号2302～2303頁　追加反対意見2303～2308頁			100, 137	
尾崎行信	【平成10（1998）.9.2大法廷判決（参）】民集52巻６号1397頁（追加反対意見）1385～1386, 1389, 1390頁,（反対意見）1403～1405頁	9	92	99, 136, 137	
鬼丸かおる	【平成25（2013）.11.20大法廷判決（衆）】意見　民集67巻８号45～49頁	9, 87		91, 106	
鬼丸かおる	【平成26（2014）.11.26大法廷判決（参）】反対意見　民集68巻９号1396～1405頁	9, 62, 88		ii, 65, 96, 123, 152	ii, 16
鬼丸かおる	【平成27（2015）.11.25大法廷判決（衆）】反対意見　民集69巻７号2085～2090頁	9, 89		91, 103	
鬼丸かおる	【平成29（2017）.9.27大法廷判決（参）】反対意見　民集71巻７号1162～1166頁	9, 91	73	96, 118	
鬼丸かおる	【平成30（2018）.12.19大法廷判決（衆）】反対意見　民集72巻６号1291～1295頁	9, 92		91, 101	
小野幹雄	【平成5（1993）.1.20大法廷判決（衆）】反対意見　民集47巻１号127～128頁			93, 110	
梶谷　玄	【平成11（1999）.11.10大法廷判決（衆）】反対意見 民集53巻８号1473～1474頁			93, 109	
梶谷　玄	【平成12（2000）.9.6大法廷判決（参）】反対意見　民集54巻７号2006～2010頁 追加反対意見2024～2025頁			99, 135, 136, 152	
梶谷　玄	【平成16（2004）.1.14大法廷判決（参）】反対意見　追加反対意見民集58巻１号74～88頁		89	98, 131, 132	
片野悟好	広島高判岡山支部平25.3.26／裁判所ウェブサイト	8, 54, 86			
片野悟好	広島高判岡山支部平25.11.28／訟月61巻７号1495頁	8, 54, 87			

片野悟好	広島高判岡山支部平成27.4.28／D1-Law.com 判例 ID28231800	89			
金久保茂	名古屋高判平30.2.7／裁判所ウェブサイト掲載判例　D1-Law.com 判例 ID28260857		22		
金築誠志	【平成23（2011）.3.23大法廷判決（衆）】民集65巻2号755頁	83			
金築誠志	【平24（2012）.10.17大法廷判決（参）】補足意見民集66巻10号3368～3370頁	85	81	97, 152	
金築誠志	【平成26（2014）.11.26大法廷判決（参）】補足意見　民集68巻9号1383頁	62, 88	78	ii, 65, 96, 121	ii, 16
神山隆一	高松高判令和1.10.16／判例時報2437号3頁	92			
河合伸一	【平成8（1996）.9.11大法廷判決（参）】反対意見民集50巻8号2302～2303頁			100, 137	
河合伸一	【平成10（1998）.9.2大法廷判決（参）】反対意見　民集52巻6号1385～1390頁	9		99, 136	
河合伸一	【平成11（1999）.11.10大法廷判決（衆）】反対意見　民集53巻8号1473～1474頁			92, 109	
河合伸一	【平成12（2000）.9.6大法廷判決（参）】反対意見　民集54巻7号2006～2010頁			99, 135	
木内道祥	【平成25（2013）.11.20大法廷判決（衆）】反対意見　民集67巻8号1550～1552頁	35, 87	1, 8, 17	92, 105	
木内道祥	【平成26（2014）.11.26大法廷判決（参）】反対意見　民集68巻9号1405～1416頁	62, 88		ii, 65, 96, 123	ii, 16
木内道祥	【平成27（2015）.11.25大法廷判決（衆）】反対意見　民集69巻7号2090～2097頁	54, 89		91, 103	
木内道祥	【平成29（2017）.9.27大法廷判決（参）】意見　民集71巻7号1152～1159頁	91		96	
木崎良平	【平成5（1993）.1.20大法廷判決（衆）】反対意見　民集47巻1号123頁			93, 109	
岸盛一	【昭和51（1976）.4.14大法廷判決（衆）】反対意見民集30巻3号254～274頁	52		94, 118	

木戸口久治	【昭和58（1983）.11.7大法廷判決（衆）】反対意見　民集37巻9号1300～1301頁			94, 116	
木戸口久治	【昭和60（1985）.7.17大法廷判決（衆）】補足意見　民集39巻5号1126～1127頁			93, 112	
木下忠良	【昭和60（1985）.7.17大法廷判決（衆）】補足意見　民集39巻5号1124～1126頁	52		60, 93, 111	65
小松一雄	大阪高判平成25.3.26／D1-Law.com 判例 ID28262505	70, 72, 86			74, 75
近藤崇晴	【平成21（2009）.9.30大法廷判決（参）】反対意見　民集63巻7号1566～1570頁		83	97, 129	
才口千晴	【平成18（2006）.10.4大法廷判決（参）】反対意見　民集60巻8号2729～2731頁		87	98, 131	
坂本吉勝	【最大判昭和48.4.25（全農林警職法事件）】意見　刑集27巻4号547頁	32, 45, 78, 80			
櫻井龍子	【平成26（2014）.11.26大法廷判決（参）】補足意見　民集68巻9号1383頁	62, 88		ii, 65, 96, 121	ii, 16
佐藤庄市郎	【平成5（1993）.1.20大法廷判決（衆）】反対意見　民集47巻1号110～114頁	9		93, 110	
下田武三	【昭和51（1976）.4.14大法廷判決（衆）】反対意見　民集30巻3号254～265頁	52		94, 117	
白木勇	【平成24（2012）.10.17大法廷判決（参）】民集66巻10号3368～3370頁		81		
白木勇	【平成26（2014）.11.26大法廷判決（参）】民集68巻9号1375頁		78		
須藤正彦	【平成23（2011）.3.23大法廷判決（衆）】反対意見　民集65巻2号790～791頁	9, 83		92, 108	
須藤正彦	【平成24（2012）.10.17大法廷判決（参）】反対意見　民集66巻10号3411～ 3420頁	54, 85	80	97, 125	
関根小郷	【最大判昭和48.4.25（全農林警職法事件）】意見　刑集27巻4号547頁	32, 45, 77, 80			
園部逸夫	【平成5（1993）.1.20大法廷判決（衆）】意見　民集47巻1号89～94頁			93	
髙野　裕	福岡高判平27.3.25／判例時報2268号23頁	8, 89			

高橋久子	【平成8（1996）.9.11大法廷判決（参）】反対意見民集50巻8号2302～2303頁			100, 137	
滝井繁男	【平成16（2004）.1.14大法廷判決（参）】追加反対意見　民集58巻1号74～75頁，100頁			99, 133	
滝井繁男	【平成18（2006）.10.4大法廷判決（参）】反対意見　民集60巻8号2723～2725頁		87	98, 130	
竹﨑博允	【平成23（2011）.3.23大法廷判決（集）】民集65巻2号755頁	83		92	
竹﨑博允	【平成24（2012）.10.17大法廷判決（参）】民集66巻10号3368～3370頁		81	96	
田中二郎	【最大判昭和48.4.25（全農林警職法事件）】意見　刑集27巻4号547頁	32, 45, 77, 80			
谷口正孝	【昭和60（1985）.7.17大法廷判決（衆）】反対意見　民集39巻5号1127～1130頁			93, 113	
谷口正孝	【昭和58（1983）.4.27大法廷判決（参）】意見　民集37巻3号168～170頁			100, 139	
谷口正孝	【昭和58（1983）.11.7大法廷判決（衆）】反対意見　民集37巻9号1297頁			94, 116	
田原睦夫	【平成19（2007）.6.13大法廷判決（衆）】反対意見　民集61巻4号1667～1676頁　見解　1676～1683頁			92	
田原睦夫	【平成21（2009）.9.30大法廷判決（参）】反対意見　民集63巻7号1557～1565頁			97 128	
田原睦夫	【平成23（2011）.3.23大法廷判決（衆）】反対意見　民集65巻2号807～808頁	83		92, 107	
田原睦夫	【平成24（2012）.10.17大法廷判決（参）】反対意見　民集66巻10号3388～3406頁	54, 85	79	97, 124	
団藤重光	【昭和58（1983）.4.27大法廷判決（参）】反対意見　民集37巻3号371173～174頁			100, 138	
団藤重光	【昭和58（1983）.11.7大法廷判決（衆）】反対意見　民集37巻9号1268～1273頁	53		94, 114	
千葉勝美	【平成24（2012）.10.17大法廷判決（参）】補足意見　民集66巻10号3368～3370頁	85	81	97	

千葉勝美	【平成26（2014）.11.26大法廷判決（参）】民集68巻9号1375頁　補足意見　民集68巻9号1383頁	88	78		
千葉勝美	【平成27（2015）.11.25大法廷判決（衆）】補足意見　民集69巻7号2064頁	89			
寺田治郎	【昭和60（1985）.7.17大法廷判決（衆）】補足意見　民集39巻5号1124～1126頁	52		60, 93, 111	65
冨田一彦	札幌高判令和1.10.24／裁判所ウェブサイト掲載判例　D1-Law.com 判例 ID28274631	92			
中川了滋	【平成18（2006）.10.4大法廷判決（参）】反対意見　民集60巻8号2725～2726頁			98	
中川了滋	【平成19（2007）.6.13大法廷判決（衆）】見解　民集61巻4号1676～1683頁			92	
中川了滋	【平成21（2009）.9.30大法廷判決（参）】反対意見　民集63巻7号1542頁			97, 127	
中島敏次郎	【平成5（1993）.1.20大法廷判決（衆）】反対意見　民集47巻1号110～111頁			93, 111	
中村治朗	【昭和51（1976）.4.14大法廷判決（衆）】民集30巻3号223頁	51			
中村治朗	【昭和58（1983）.11.7大法廷判決（衆）】反対意見民集37巻9号1273～1287頁	53, 60		94, 115, 126	
那須弘平	【平成21（2009）.9.30大法廷判決（参）】反対意見　民集63巻7号1542～1547頁		86	97, 128	
難波孝一	東京高判平25.3.6／判例時報2184号3頁、判例タイムズ1389号80頁	8, 70, 72, 85			74, 75
西　謙二	福岡高判平成25.3.18／D1-Law.com 判例 ID28220627	8, 70, 71, 85			74, 75
橋元四郎平	【平成5（1993）.1.20大法廷判決（衆）】反対意見　民集47巻1号105～106頁			93, 110	
濱田邦夫	【平成16（2004）.1.14大法廷判決（参）】反対意見　追加反対意見　民集58巻1号74～94頁		91	98, 99, 131	
林　景一	【平成29（2017）.9.27大法廷判決（参）】意見　民集71巻7号1160～1161頁	91	71	96	

林　景一	【平成30（2018）.12.19大法廷判決（衆）】意見　民集72巻6号1270～1275頁	9, 92		91	
林　景一	【令和2（2020）.11.18大法廷判決（参）】反対意見　民集74巻8号2151～2155頁】				94
廣田民生	福岡高判平23.1.28／判例タイムズ1346号130頁	8, 84			
深澤武久	【平成16（2004）.1.14大法廷判決（参）】反対意見　民集58巻1号74～91頁		90	98, 131, 132	
福田　博	【平成8（1996）.9.11大法廷判決（参）】反対意見　民集50巻8号2302～2313頁　追加反対意見2312～2313頁			100, 137	
福田　博	【平成10（1998）.9.2大法廷判決（参）】反対意見　民集52巻6号1385～1405頁	9	92	99, 136, 137	
福田　博	【平成11（1999）.11.10大法廷判決（衆）】反対意見　民集53巻8号1471～1492頁	9		93, 109	
福田　博	【平成12（2000）.9.6大法廷判決（参）】反対意見　民集54巻7号2006～2010頁			99, 135	
福田　博	【平成16（2004）.1.14大法廷判決（参）】反対意見　追加反対意見　民集58巻1号74～84頁	9	88	98, 131	
藤田宙靖	【平成19（2007）.6.13大法廷判決（衆）】意見　民集61巻4号1650～1655頁　見解　1676～1683頁	9		92	
藤山雅行	名古屋高判平30.2.7／裁判所ウェブサイト掲載判例　D1-Law.com判例ID28260857	91	22		
三浦　守	【令和2（2020）.11.18大法廷判決（参）】意見　民集74巻8号2127～2140頁】				94
宮川光治	【平成21（2009）.9.30大法廷判決（参）】反対意見　民集63巻7号1570～1578頁	9	85	97, 127, 152	
宮川光治	【平成23（2011）.3.23大法廷判決（衆）】反対意見　民集65巻2号809～813頁	9, 84		92, 106	
宮崎梧一	【昭和58（1983）.11.7大法廷判決（衆）】補足意見　民集37巻9号1266～1268頁	9		94	

宮崎裕子	【平成30（2018）.12.19大法廷判決（衆）】意見　民集72巻6号283～297頁	9, 92	1, 8, 9	91	
宮崎裕子	【令和2（2020）.11.18大法廷判決（参）】反対意見　民集74巻8号2155～2169頁】				94
元原利文	【平成10（1998）.9.2大法廷判決（参）】反対意見　民集52巻6号1385～1390頁	9		99, 136	
元原利文	【平成11（1999）.11.10大法廷判決（衆）】反対意見　民集53巻8号1473～1474頁			93, 109	
元原利文	【平成12（2000）.9.6大法廷判決（参）】反対意見　民集54巻7号2006～2010頁			99, 135	
矢口洪一	【昭和60（1985）.7.17大法廷判決（衆）】補足意見　民集39巻5号1124～1126頁	52		60, 93, 111	65
安岡満彦	【昭和58（1983）.11.7大法廷判決（衆）】反対意見　民集37巻9号1303～1304頁			94, 116	
山浦善樹	【平成24（2012）.10.17大法廷判決（参）】民集66巻10号3368～3370頁	85	81		
山浦善樹	【平成26（2014）.11.26大法廷判決（参）】民集68巻9号1375頁　補足意見　1381～1383頁	62, 88	78	ii, 65, 96, 121	ii, 16
山﨑敏充	【平成26（2014）.11.26大法廷判決（参）】補足意見　民集68巻9号1383頁	62, 88		ii, 65, 96, 121	ii, 16
山田知司	大阪高判平成25.12.18／裁判所ウェブサイト掲載判例 D1-Law.com判例 ID 28220196	71, 74, 87			
山本庸幸	【平成26（2014）.11.26大法廷判決（参）】反対意見　民集68巻9号1416～1422頁	9, 53, 62, 88		ii, 65, 96, 121	ii, 16
山本庸幸	【平成29（2017）.9.27大法廷判決（参）】反対意見　民集71巻7号1168～1171頁	9, 53, 91	75	96, 119, 152	
山本庸幸	【平成30（2018）.12.19大法廷判決（衆）】反対意見　民集72巻6号1297～1301頁	9, 53, 92		91, 101	
横井大三	【昭和58（1983）.11.7大法廷判決（衆）】反対意見　民集37巻9号1287～1291頁			94, 115	
横尾和子	【平成19（2007）.6.13大法廷判決（衆）】反対意見　民集61巻4号1655～1658頁			92, 108	

横田尤孝	【平成24（2012）.10.17大法廷判決（参）】民集66巻10号3368～3370頁		81		
吉田豊	【昭和51（1976）.4.14大法廷判決（衆）】反対意見　民集30巻3号254～274頁	52		94, 117	
渡部勇次	東京高判令和4.10.18裁判所ウェブサイト：https://www.courts.go.jp/app/files/hanrei_jp/098/092098_hanrei.pdf				16, 17, 45

《著者紹介》

升永《ますなが》 英俊《ひでとし》 弁護士、弁理士

●――略歴

1942年 生
1961年 東京都立戸山高等学校卒業
1965年 東京大学法学部卒業
　　　　住友銀行勤務
1973年 東京大学工学部卒業
　　　　第一東京弁護士会登録
1979年 コロンビア大学ロースクール卒業（LL.M.）
1981年 米国首都ワシントン D.C. 弁護士登録
1984年 ニューヨーク州弁護士登録
2008年 TMI 総合法律事務所

統《とう》治《ち》論《ろん》に基《もと》づく人口《じんこう》比《ひ》例《れい》選挙《せんきょ》訴訟《そしょう》Ⅳ

2023年 9 月30日　第 1 版第 1 刷発行

著　者――升永英俊
発行所――株式会社　日本評論社
　　　　〒170-8474 東京都豊島区南大塚3-12-4
　　　　電話03-3987-8621（販売：FAX－8590）
　　　　　　03-3987-8592（編集）
　　　　https://www.nippyo.co.jp/　振替　00100-3-16
印刷所――精文堂印刷株式会社
製本所――株式会社難波製本
装　丁――図工ファイブ

ISBN978-4-535-52761-4　Printed in Japan